101 EINFACHE WEGE DIE WELT ZU RETTEN

AUBRE ANDRUS

INHALT

S. 6   Denke groß, aber beginne im Kleinen!

S. 8   DENKE AN ANDERE

S. 10   **Hilf in der Schule**
#1 Lächele!
#2 Finde neue Freunde
#3 Schreibe eine Dankeskarte
#4 Gib Nachhilfe, werde Tutor
#5 Sage „Nein" zu Mobbing
#6 Sei zu allen freundlich
#7 Engagiere dich freiwillig
#8 Starte einen Workshop

S. 16   **Hilf Freunden**
#9 Heitere einen Freund auf
#10 Umarme andere
#11 Verteile Komplimente
#12 Freue dich für die anderen

S. 18   **Hilf zu Hause**
#13 Übernimm Aufgaben
#14 Verteile Orden
#15 Zeige deine Zuneigung

S. 22   **Hilf Tieren**
#16 Spende Sachen an ein Tierheim
#17 Rette ein Tier
#18 Iss weniger Fleisch
#19 Hilf der Tierwelt

S. 26   **Spende**
#20 Spende deine alten Sachen
#21 Spende deine Haare
#22 Spende deine Sportsachen
#23 Spende Essen
#24 Verkaufe etwas
#25 Wünsche dir Spenden statt Geschenke
#26 Spende jeden Monat einen Teil deines Taschengelds

S. 32   **Packe mit an**
#27 Arbeite ehrenamtlich

S. 34   **In deiner Nachbarschaft**
#28 Sei höflich
#29 Biete deine Hilfe an
#30 Starte einen Büchertausch
#31 Zeige Interesse
#32 Mache einen Erste-Hilfe-Kurs
#33 Werde Pfadfinder

S. 40   RETTEN WIR UNSERE ERDE

S. 42   **Spare Energie**
#34 Ziehe den Stecker
#35 Mache das Licht aus

S. 44   **Vermeide Abgase**
#36 Überlege dir, ob du ins Auto steigst

S. 46   **Recycle**
#37 Besuche einen Wertstoffhof
#38 Recycle richtig
#39 Sammle Müll
#40 Lege einen Kompost an

S. 52   **Aus Alt mach Neu**
#41 Bastele einen Hausaufgabenständer
#42 Gestalte einen Flaschentopf

S. 54   **Gestalte**
#43 Sortiere deinen Krimskrams
#44 Bastele ein Eierschachtelspiel

S. 56   **Nutze**
#45 Sage „Nein" zu Kunststoff
#46 Nimm jeden Tag Mehrwegbehälter mit in die Schule
#47 Nimm Stoffbeutel mit zum Einkaufen
#48 Kaufe gebraucht
#49 Verwende deine Schulsachen wieder

S. 60   **Reduziere**
#50 Kaufe regional
#51 Kaufe größere Mengen

4

#52 Kaufe weniger
#53 Lade zu einer Tauschbörse ein
#54 Leihe aus
#55 Denke digital

S. 64 **Spare Papier**
#56 Nutze Papier auf beiden Seiten
#57 Pflanze einen Baum
#58 Vermeide Papiertücher und -servietten

S. 66 **Spare Wasser**
#59 Verkürze deine Duschzeit
#60 Drehe den Wasserhahn ab
#61 Lege einen kleinen „Zimmergarten" an
#62 Hilf deiner Familie, umweltbewusster zu waschen

S. 70 **Setze dich ein**
#63 Baue Pflanzen an
#64 Rede mit!
#65 Besuche einen Nationalpark
#66 Informiere andere

S. 74 DU ZÄHLST

S. 76 **Vertritt deine Interessen**
#67 Sei dein größter Fan
#68 Bitte um Hilfe
#69 Sage „Ja!"
#70 Sage „Nein!"

S. 80 **Denke positiv**
#71 Mache dich nicht fertig
#72 Höre auf, dich mit anderen zu vergleichen
#73 Sieh das Gute an einer Situation
#74 Liebe dich selbst
#75 Sei selbstbewusst
#76 Sei nicht nachtragend
#77 Gehe raus ins Freie
#78 Gehe offline
#79 Freue dich über kleine Dinge
#80 Werde Mitglied in einem Sportverein
#81 Führe ein Glückstagebuch

S. 88 **Iss gesund**
#82 Iss Frühstück
#83 Iss einen gesunden Snack
#84 Iss mehr Obst und Gemüse

S. 92 **Ruhe dich aus**
#85 Mache Pausen
#86 Atme bewusst
#87 Schlafe genug

S. 94 **Bleibe gesund**
#88 Sei aktiv
#89 Nimm an einem Lauf teil
#90 Trinke genug

S. 96 **Suche dir ein Hobby**
#91 Tue täglich etwas, was dir Freude bereitet
#92 Starte einen Lesekreis

S. 98 **Schaffe Familienzeit**
#93 Umgib dich mit deinen Liebsten
#94 Verbringe mehr Zeit mit deiner Familie

S. 100 **Suche Herausforderungen**
#95 Löse ein Rätsel
#96 Lerne etwas auswendig
#97 Erzähle einen Witz
#98 Stelle dich deinen Ängsten

S. 104 **Teile dich mit**
#99 Lass andere an deinen Talenten teilhaben
#100 Teile deine Gefühle

S. 106 **Beginne mit Kleinigkeiten**
#101 Beginne mit etwas Neuem

S. 108 **Checkliste**
S. 110 **Weitere Infos**
S. 111 **Über die Autorin**

Denke gross, aber beginne

im Kleinen!

Es ist schwer zu glauben, dass sich die Welt verändern kann, nur weil ein Kind sein Verhalten ändert – aber es stimmt! Große Ideen beginnen immer damit, dass irgendjemand beschließt, etwas anders zu machen. Dieser Jemand könntest du sein.
Hier sind nur einige Beispiele für kleine Taten, die eine große Wirkung haben …

{ Wenn jeder Mensch auf der Erde einen Baum pflanzen würde, hätten wir sieben Milliarden Bäume mehr, die Kohlendioxid absorbieren. (Kohlendioxid ist eines der Treibhausgase, die die Hitze in unserer Atmosphäre festhalten, wodurch sich die Erde zu stark erwärmt.) }

{ Wenn jeder Mensch in Deutschland, Österreich und der Schweiz eine Getränkedose recyceln würde, könnten 100 Millionen neue Dosen produziert werden. }

{ Wenn du die Zeit, in der du duschst, um nur drei Minuten verkürzen würdest, könntest könntest du jeden Tag 30 Liter Wasser sparen. }

Siehst du? Es braucht nur kleine Taten, leicht veränderte Gewohnheiten und etwas persönlichen Einsatz. Kinder können viel bewirken. Auf den folgenden Seiten findest du viele Vorschläge, wie du helfen kannst!

Du kannst das Buch von vorne bis hinten durchlesen, auf irgendeiner Seite aufschlagen oder die Checkliste auf Seite 108 ansehen. Das Wichtigste ist, dass du beginnst – ganz egal, wo!

> Frage unbedingt immer einen Erwachsenen, bevor du eine Idee umsetzt. Es ist wichtig, dass du nicht in Gefahr gerätst, während du die Welt rettest.

> Beziehe deine Freunde und deine Familie mit ein. Die Ideen in diesem Buch werden Gutes bewirken – aber sie bewirken noch mehr Gutes, wenn du allen, die du kennst, davon berichtest!

> Große Probleme wirken manchmal erdrückend. Bleibe entschlossen, und lass dich nicht entmutigen. Denke immer daran: Jede kleine Tat hilft.

DENKE AN ANDERE

Sieh dich um! Du hast so viele Freunde und Verwandte, und die können immer mal Hilfe gebrauchen. Damit machst du nicht nur anderen eine große Freude, auch du selbst wirst dich toll fühlen.

HILF IN DER SCHULE

Hier ist eine kleine Hausaufgabe für dich: Setze mindestens eine dieser Ideen um und unterstütze damit Freunde, Lehrer und Klassenkameraden.

1 LÄCHELE!

Ein Lächeln ist weltweit das Zeichen für Freundlichkeit. Wenn du lächelst, fühlst du dich wohl, sogar wenn du vorher traurig warst. Hast du schon mal bemerkt, dass es ansteckend ist? Probiere es aus! Lächele auf dem Flur jemanden an, und schau, was passiert.

2 FINDE NEUE FREUNDE

Neu zu sein ist hart. Dabei gibt es einen ganz einfachen Weg, wie sich neue Mitschüler in deiner Klasse willkommen fühlen: Stelle dich vor! Probiere einen dieser Sätze aus – der oder die Neue wird den restlichen Tag happy sein!

Magst du Fußball? Wir brauchen einen Mitspieler.

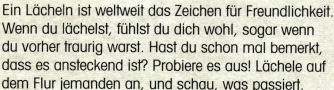

Hey, willst du dich zu uns setzen?

Ich habe dich noch nie gesehen. Bist du gerade erst hierhergezogen?

HI!
HEY!
HALLO!

③ SCHREIBE EINE DANKESKARTE

Denke daran, wie viele Menschen mithelfen, damit der Schulalltag funktioniert: Lehrer, Bibliothekare, Helfer in der Kantine, Tagesbetreuer, Hausmeister und mehr. Wow! Wäre es nicht nett, ihnen als Anerkennung ein Kärtchen zu schenken? Hier sind ein paar Vorschläge, was du schreiben kannst:

> Ich möchte Ihnen für alles danken, was Sie tun, damit unsere Schule so toll ist.

> Durch Sie wird jeder Schultag schöner.

> Ohne Sie wäre unsere Schule nicht dieselbe!

> Ohne Ihre Hilfe kämen die Kinder an der Schule nicht so gut klar.

④ GIB NACHHILFE, WERDE TUTOR

Hast du in Mathe super Noten? Weißt du in Geschichte immer die Antwort? Oder bist du für deine tollen Aufsätze bekannt? Wenn du in einem Fach gut bist, biete Mitschülern, die sich schwertun, deine Hilfe an. Oder melde dich als Tutor/in für jemanden aus einer niedrigeren Jahrgangsstufe. Vielleicht kann dein Lehrer das vermitteln.

5 Sage „Nein" zu Mobbing

Mobbing ist nicht cool. Wenn du selbst gemobbt wirst oder mitbekommst, wie jemand anderes gemobbt wird, lass es nicht zu – gehe hin, und sage „Stopp". Hier sind einige Tipps, wie du einem Mobber begegnen kannst.

Bitte um Hilfe!

Wenn du dich bedroht fühlst, bitte sofort einen Lehrer oder andere Erwachsene um Hilfe.

Schritt 1

Tritt selbstbewusst auf, und sieh dem Mobber in die Augen. Sage etwas wie:

- Das ist nicht lustig, das ist gemein.
- So gehen Freunde nicht miteinander um.
- Hör sofort damit auf.

Was ist Mobbing?

Mobbing ist fies. Wenn jemand versucht, dich herumzukommandieren, bloßzustellen oder zu verletzen, ist das Mobbing. Dazu gehören mündliche Angriffe wie Drohungen, Lügen und Sticheleien, aber auch körperliche Angriffe wie Schubsen und das Zerstören deiner Sachen.

Schritt 2

Gehe weg, und bitte Erwachsene um Hilfe. Erzähle einem Lehrer oder Betreuer, was passiert ist, und frage ihn um Rat, wie du dich verhalten sollst.

BIN ICH GEMEIN?

Mobbing ist nicht immer offensichtlich. Manchmal verletzen schon kleine Dinge oder Kommentare, etwa wenn man jemanden bewusst nicht zum Geburtstag einlädt oder zu einem Schachspieler sagt, Schach sei was für Nerds.

6 SEI ZU ALLEN FREUNDLICH

Was ist das Gegenteil von Mobbing? Freundlichkeit! Klar, du bist nett zu deinen besten Freunden, aber du solltest die Gefühle aller respektieren: von Mitschülern bis zu Neuen. Sie haben unterschiedliche Vorlieben, Abneigungen, Hobbys, Talente, sie sehen unterschiedlich aus. Das heißt aber nicht, dass manche weniger Freundlichkeit verdienen.

Beherzig diese Dinge in der Schule:

Stelle dir vor, wie du dich an der Stelle des anderen fühlen würdest. Wärst du verunsichert, traurig oder wütend? Dann ist es Zeit, etwas zu ändern.

Sei nett, auch wenn du der/die Einzige bist. Zeige allen, dass Freundlichkeit cool ist.

Schließe ein, nicht aus. Lass möglichst alle mitmachen.

Flüstere nicht und tratsch keine Geheimnisse über andere weiter.

7 ENGAGIERE DICH FREIWILLIG

Lehrer haben in der Schulzeit viel zu tun, ebenso wie andere Mitarbeiter im Haus. Damit die Schule reibungslos funktioniert, sind viele Menschen nötig. Vielleicht könntest du ihnen den Tag etwas erleichtern, wenn du ihnen ehrenamtlich hilfst. Biete an, mittags Geschirr zu spülen, in der Bücherei Regale einzuräumen oder in der Pause Müll zu sammeln.

- ☑ Hilf der Bibliothekarin, die Bücher ins Regal zu stellen.
- ☑ Sammele in der Pause herumliegenden Müll und entsorge ihn im Mülleimer.
- ☑ Bringe Sportgeräte nach der Pause oder der Sportstunde zurück an ihren Platz.
- ☑ Verteile Hausaufgaben, oder sammele sie ein.

8 STARTE EINEN WORKSHOP

Gibt es einen Workshop, bei dem du gern mitmachen würdest? Und andere Schüler vielleicht auch? Aber es gibt ihn so noch nicht? Dann ergreife die Initiative und veranstalte selbst diesen Workshop! Bitte deinen Lehrer um Rat, wie du am besten vorgehst. Vielleicht kannst du sogar deine Freunde als Mitstreiter gewinnen.

HILF FREUNDEN

Jemand, der da ist, wenn du ihn wirklich brauchst. Das ist ein Freund!

9 HEITERE EINEN FREUND AUF

Liegt von deinen Freunden jemand krank zu Hause im Bett? Bring ihm seine Hausaufgaben und Bücher, die er brauchen könnte. Halte ihn auf dem Laufenden, was er im Unterricht oder in der Pause verpasst hat. Oder schenke ihm oder ihr etwas Selbstgemachtes, ein Freundschaftsbändchen oder eine Gute-Besserung-Karte. Und das allergrößte Geschenk ist sowieso ein Lächeln!

10 UMARME ANDERE

Umarmungen sind einfach wunderbar! Wissenschaftler haben festgestellt, dass eine herzliche Umarmung negative Gefühle, Stress und sogar das Risiko, eine Erkältung aufzuschnappen, reduzieren kann. Also, wenn ein Freund bedrückt ist, nimm ihn in den Arm! Das ist leicht, kostet nichts und tut euch beiden gut.

11 VERTEILE KOMPLIMENTE

Sage deinen Freunden, warum du sie toll findest – einfach so! Du brauchst keinen Anlass, um zu erklären, dass jemand etwas Besonderes ist. Schreibe ihr oder ihm – oder noch besser, mache dein Kompliment persönlich. Das macht glücklich!

„Du bringst mich immer zum Lachen. Ich mag deinen Humor!"

„Toll, wie kreativ du bist!"

„Du hast heute beim Fußball super gespielt."

„Deine Projektarbeit war die beste der ganzen Klasse."

„Du bist so ein toller Freund. Du munterst mich immer wieder auf."

12 FREUE DICH FÜR DIE ANDEREN

Man kann schon mal neidisch werden, wenn einem Freund etwas gelingt, was man sich selbst wünscht: gute Noten bekommen, ein Tor schießen oder eine tolle Reise machen. Schiebe solche Gefühle beiseite, und freue dich für den anderen – du wirst merken, wie sich deine Laune bessert. Sage zum Beispiel:

„Glückwunsch zu deinem Erfolg! Du warst toll."

„Wow, der Mathetest war so schwer. Super, dass du eine Eins hast."

„Ich wollte schon immer eine Safari machen. Ich bin so gespannt, was du von deinem Urlaub erzählst!"

HILF ZU HAUSE

Vielleicht ist es dir nicht bewusst, aber damit ein Haushalt funktioniert, braucht es viel Zeit und Mühe. Aufräumen, Putzen, Kochen, Hausaufgaben – es gibt so vieles, wobei die ganze Familie helfen kann.

13 ÜBERNIMM AUFGABEN

Igitt, Haushaltspflichten. Sie machen keinen Spaß, müssen aber erledigt werden! Es ist nicht fair, wenn alles an deinen Eltern hängen bleibt, oder? Biete für einige der lästigen Alltagsjobs deine Hilfe an: Wäsche waschen, Geschirr spülen, Müll rausbringen oder Betten machen.

Setzt euch mal zusammen, und schreibt eine Liste mit allen Aufgaben, die jede Woche erledigt werden müssen. Dann teilt jede Aufgabe einem Familienmitglied zu. Hängt die Liste für alle sichtbar auf. Teamwork funktioniert!

14 VERTEILE ORDEN

Dank der Individualität der Menschen ist jede Familie anders. Veranstalte in deiner Familie eine Preisverleihung: Verteile selbst gemachte Orden für all die Dinge, die die einzelnen Familienmitglieder besonders gut können.

Spitzenkoch/-köchin: für den König/die Königin in der Küche.

Frühaufsteher/-in: für die Person, die als Erstes aus den Federn kommt.

Ordnungsfreak: für den, dessen Bett immer gemacht ist.

Fleißige Biene: für die Person, die einen Urlaub am meisten verdient hat!

Superchauffeur: für den Fahrer, der immer alle dorthin bringt, wo sie hinmüssen.

Entertainer: für den Menschen, der immer alle aufmuntert.

LOS GEHT'S!

ANLEITUNG

Falte ein 30 cm langes Bändchen zur Hälfte und klebe es hinten an einem Kreis aus buntem Papier fest. Klebe außenherum eine Rüsche aus mehreren gleich großen Papierstücken fest. Schreibe nun mit einem Filzstift den Titel des Ordens vorne in die Mitte.

15 ZEIGE DEINE ZUNEIGUNG

Deine Eltern investieren viel Zeit und Liebe in euer Familienleben, und viel von ihrer Mühe wird gar nicht wahrgenommen. Wann hast du zum letzten Mal zu deinen Eltern „Danke!" gesagt? Hier sind Vorschläge, wie du ihnen deine Liebe zeigst.

DAS GESCHENK DES GESPRÄCHS

Ein Geschenk, das nichts kostet und deine Eltern begeistert, ist: ein Gespräch! Wenn sie dich fragen, „Wie war's in der Schule?", sage nicht einfach: „Gut." Erzähle von deinem Tag – es interessiert sie! Und du fühlst dich besser, wenn du mit ihnen Probleme besprichst oder tolle Neuigkeiten teilst.

EINE KLEINE AUFMERKSAMKEIT

Schenke deinen Eltern Gutscheine, für die du im Haushalt hilfst oder ihnen eine Freude bereitest. Schneide ein Blatt Papier in Viertel. Verziere die Gutscheine, und beschrifte sie mit einem Filzstift.

Entspann dich. Diese Woche gehe ich mit dem Hund Gassi.

Es ist viel zu tun? Ich stehe dir den ganzen Nachmittag zur Verfügung. Sage mir, wie ich helfen kann!

Vergiss die schnelle Dusche, du hast eine Stunde Zeit! Genieße ungestört ein Schaumbad.

Frühstück im Bett? Na klar! Gültig für eine Mahlzeit am Morgen von deinem persönlichen Koch – mir!

FEIERE EIN FEST

Der Geburtstag der Kinder wird immer gefeiert, doch was ist mit den Eltern? Sie machen oft keine große Sache aus ihrem Geburtstag. Aber vielleicht du?

 Stelle mit deinen Geschwistern oder anderen Verwandten eine Liste auf, warum ihr deine Mutter oder deinen Vater lieb habt. Etwa: „42 Gründe zum 42. Geburtstag, warum wir dich lieben"!

 Bereite mit der Hilfe eines Erwachsenen ein besonderes Festessen für deine Familie zu. Decke den Tisch, zeige beste Tischmanieren und bediene den Ehrengast als Erstes.

 Serviere nach dem Essen das Lieblingsdessert des Geburtstagskinds – es muss kein Kuchen sein! Vergiss nicht, „HAPPY BIRTHDAY" zu singen. Und kümmere dich auch ums Aufräumen.

SAGE DANKE

Bedanke dich vor dem Zubettgehen bei deinen Eltern für alles, was sie am Tag für dich getan haben – dass sie gekocht oder mit dir gelernt haben. Lass sie wissen, dass dein Tag durch sie schöner war.

Bastele eine Dankeskarte, einfach so. Lege sie deinen Eltern aufs Bett – diese Überraschung wird ihnen bestimmt ein Lächeln ins Gesicht zaubern.

HILF TIEREN

Es gibt Millionen Haustiere auf der Welt, die ein Zuhause suchen – oder nur etwas Liebe.

16 SPENDE SACHEN AN EIN TIERHEIM

So wie Tafeln Essen und Geschirr für Menschen brauchen, benötigen Tierheime Nahrung und Zubehör für Haustiere! Auf der Website des Tierheims in deinem Ort findest du, was dort gerade alles fehlt.

HALSBAND

FUTTER

KÖRBCHEN

- Feucht-/Trockenfutter
- Leckerlis
- Körbchen
- Spielzeug
- Katzenstreu
- Futternäpfe
- Leinen, Halsbänder
- Tücher und Decken
- Tiershampoo

17 RETTE EIN TIER

Wenn deine Eltern einverstanden sind, solltest du lieber einen Hund oder eine Katze aus dem Tierheim adoptieren oder in Pflege nehmen, als sie beim Züchter oder im Tierhandel zu kaufen.

Ein Tier zu adoptieren heißt, du gibst ihm dauerhaft ein Zuhause. Tierheime können Tiere nur zeitweise aufnehmen, hoffen aber, dass jedes möglichst bald einen neuen Besitzer findet.

Ein Tier in Pflege zu nehmen heißt, du gibst ihm ein Zuhause, bis das Tier „für immer" von einer Familie adoptiert wird. Pflegefamilien sind für Tierheime super, denn diese haben oft nicht genug Zeit oder Platz, um sich um jeden tierischen Freund zu kümmern. Während das Tier bei dir lebt, bemüht sich das Tierheim, die perfekte Adoptivfamilie zu finden.

WEITERE INFOS

Wenn du ein Tier aufnehmen möchtest, gibt es Infos bei:
www.tierheimhelden.de oder
www.tierschutzbund.de

18 ISS WENIGER FLEISCH

Manche Menschen essen kein Fleisch, weil sie Tiere lieben. Andere verzichten darauf, weil sie die Umwelt lieben. Aber inwiefern hat das, was wir essen, mit der Erde zu tun?

Um Kühe oder Hühner zu züchten und zu füttern, braucht man große Flächen und viel Wasser. Wenn abgepacktes Fleisch produziert und verkauft wird, entstehen Treibhausgase, die zur Erderwärmung beitragen. Wenn wir weniger Fleisch essen, spart das Wasser und belastet die Umwelt weniger.

PROBIER'S!

Fordre deine Familie auf, weniger Fleisch zu essen. Beginnt mit „fleischlosen Montagen", an denen ihr zum Frühstück, Mittag- und Abendessen auf Fleisch verzichtet. Auch auf Schinken, Wurst und Burger – sorry …

WER ISST KEIN FLEISCH?

- **Vegetarier** essen weder Fleisch noch Fisch und gleichen das durch Eier, Käse, Gemüse, Obst und Getreide aus.
- **Veganer** verzichten auch auf Produkte von Tieren, sogar auf Milch und Eier. Stattdessen essen sie Gemüse, Obst und Getreideprodukte.
- **Pescetarier** essen kein Fleisch, aber sie essen Fisch, Eier, Milchprodukte, Gemüse, Obst und Getreideprodukte.

19 HILF DER TIERWELT

Auf der Erde leben über sieben Milliarden Menschen, doch wir sollten auch an andere Mitbewohner denken: Insekten, Säugetiere, Vögel oder Pflanzen! Hier sind Ideen, wie du ihnen das Leben erleichtern kannst. Besprich mit deinen Eltern, ob ihr einen der Vorschläge umsetzen könnt.

FANGE KLEIN AN
Biete an, die Pflanzen zu gießen oder das Vogelfutter immer nachzufüllen, dann lassen dich deine Eltern die Ideen vielleicht eher umsetzen!

- Hänge ein Futterhäuschen auf. Vögel fressen Insekten wie Mücken, und es macht Spaß, sie zu beobachten.

- Ziehe Blumen und Wildpflanzen im Garten oder auf dem Balkon. Bienen und andere Insekten finden so dort Nahrung und Nektar zum Bestäuben, Vögel finden Schutz.

- Eine Vogeltränke ist nicht nur was für Vögel – auch Frösche finden sie toll!

- Bitte darum, dass man auf dem Schulgelände, im Park oder im Hof einen Baum pflanzt. Darin können Vögel nisten, Raupen wachsen, andere Tiere Schatten und Schutz finden.

SPENDE

Hast du viel Kram? Bestimmt! Aber brauchst du wirklich alles? Hier ist einiges, auf das du bestimmt verzichten kannst und das anderen Kindern hilft.

20 SPENDE DEINE ALTEN SACHEN

Schau dich in deinem Zimmer um: Siehst du ein Spielzeug, Buch, Stofftier oder Kleidungsstück, das du schon über ein Jahr nicht benutzt hast? Vielleicht ist es Zeit, das herzugeben. Anstatt ein Teil ungenutzt bei dir herumliegen zu lassen, könnte jemand anderes Freude daran haben. Wäre das nicht schön?

Spende Sachen an Charity Shops, Stadtbüchereien, Kindergruppen oder Organisationen, die bedürftigen Familien helfen. Oder schenke sie einfach jüngeren Kindern, die du kennst.

21 SPENDE DEINE HAARE

Hast du lange Haare? Falls du mindestens 30 cm abschneiden lassen möchtest, könntest du dein Haar spenden. Daraus werden Perücken für Kinder hergestellt, die wegen Krankheiten wie Krebs ihre Haare verlieren. Dabei gewinnen alle: Du bekommst einen coolen neuen Look und hilfst zugleich anderen. Klingt das nicht fantastisch?

WICHTIG!

Schneide deine Haare nicht selbst ab! Gehe mit einem Erwachsenen zum Friseur. Binde dein Haar zu einem Pferdeschwanz oder Zopf, dann lässt es sich einfacher verschicken.

22 SPENDE DEINE SPORTSACHEN

Egal, ob du rausgewachsen bist oder die Sportart aufgegeben hast: Deine ungenutzten Sachen könnte sicher jemand anders gut brauchen. Spende sie an eine Schule, eine Gemeinde oder eine Organisation, die für bedürftige Kinder sammelt.

WEITERE INFOS

Deine Haare kannst du spenden an:

BVZ Rapunzel www.bvz-rapunzel.de
Verein Haarfee www.vereinhaarfee.at

Sportsachen kannst du spenden an:

GAiN www.gain-germany.org/mitmachen/hilfe-durch-sport
Jambo Bukoba www.jambobukoba.com
Deutsche Kleiderstiftung www.kleiderstiftung.de
Don Bosco Flüchtlingswerk Austria www.fluechtlingswerk.com
Kuma Schweiz www.vereinkuma.ch

23 SPENDE ESSEN

Gemeinnützige Tafeln können immer gesunde Lebensmittel brauchen. Auf der Website der Tafel bei dir vor Ort findest du oft eine Wunschliste der gesuchten Dinge. Mit folgenden Dingen liegst du sicher nie falsch:

- ☑ Gemüse- und Obstkonserven
- ☑ Dosensuppen
- ☑ Dosenfisch
- ☑ Pastasoßen
- ☑ Trockennudeln
- ☑ Trockenbohnen
- ☑ Naturreis
- ☑ Babynahrung und -brei
- ☑ Nüsse
- ☑ Trockenfrüchte
- ☑ Milchpulver
- ☑ Tee und Kaffee

BITTE UM ERLAUBNIS!

Bitte deine Eltern um Erlaubnis, bevor du euren Vorratsschrank plünderst, um zu spenden.

24 VERKAUFE ETWAS

Verkaufe etwas – egal, was! –, und spende das eingenommene Geld an eine wohltätige Organisation. Gut geeignet sind etwa Freundschaftsbändchen, Kuchen und Limonade. Deine Kunden sollten unbedingt wissen, dass es für einen guten Zweck ist. Erzähle ihnen, wofür genau und warum du daran glaubst. Vergiss nicht, dich zu bedanken!

Erfolgstipps:

- Stelle vor dem Verkauf sicher, dass du kleine Geldscheine und Münzen hast, damit du wechseln kannst.

- Bitte einen Freund um Hilfe: Einer von euch verkauft, einer kassiert das Geld.

- Schreibe die Preise gut lesbar auf Schilder – und auch die Sache, die du unterstützt.

- Ein farbenfrohes Tischtuch und eine auffällige Auslage helfen, Kunden anzuziehen.

 WEITERE INFOS

Wie du an die Tafel vor Ort spenden kannst, findest du unter **www.tafel.de/spenden**. Im Internet gibt es weitere Ideen zum Spendensammeln, etwa bei **www.neuemasche.com/ideen-spenden-sammeln**, **www.sternstunden.de** oder **www.unicef.de/mitmachen/youth**

25 WÜNSCHE DIR SPENDEN STATT GESCHENKE

Wünsche dir zum Geburtstag oder zu Weihnachten statt Geschenken Spenden für einen guten Zweck. Suche drei Organisationen aus, die du unterstützen möchtest, und teile deinen Freunden und deiner Familie deren Spendenkonten mit. Vielleicht merkst du kaum, dass du weniger bekommst – es geht ja ums Feiern mit anderen, und dafür sind Geschenke nicht unbedingt nötig.

WEITERE INFOS

WOHIN MEIN GELD SPENDEN?

Diese Organisationen arbeiten und wirken auf der ganzen Welt:

Der World Wide Fund for Nature (WWF) **wwf.de, wwf.at** setzt sich weltweit für den Schutz von Natur und Umwelt ein.

Plan International **www.plan.de** engagiert sich für Kinderrechte und für die freie Entfaltung von Jungen wie Mädchen.

SOS-Kinderdörfer **www.sos-kinderdoerfer.de** möchten verwaisten Kindern ein sicheres Zuhause geben.

BUND **www.bund.net**, Global 2000 **www.global2000.at** und Pro Natur **www.pro natura.ch** setzen sich für den Schutz der Erde vor Klimawandel und Zerstörung ein.

Das Bündnis Aktion Deutschland **www.aktion-deutschland-hilft.de** unterstützt Menschen bei Naturkatastrophen.

26 SPENDE JEDEN MONAT EINEN TEIL DEINES TASCHENGELDS

Wenn du zehn Euro hättest, was würdest du damit tun? Es ausgeben, es sparen oder es spenden? – Warum nicht alles drei? Wenn du dir jetzt schon angewöhnst, nicht alles auszugeben, wirst du als Erwachsener besser mit deinem Geld klarkommen.

✂ LOS GEHT'S!

DU BRAUCHST
– Plusterfarbe oder Buchstabensticker
– drei Einmachgläser mit Deckel

ANLEITUNG
Schreibe mit Farbe oder den Stickern auf jedes Glas ein Wort: AUSGEBEN, SPAREN oder SPENDEN. Immer wenn du Geld bekommst, teilst du es zwischen den drei Gläsern auf. Für jede zehn Euro:

40 % AUSGEBEN = vier Euro für dich jetzt

40 % SPAREN = vier Euro für dich für später

20 % SPENDEN = zwei Euro für andere

PACKE MIT AN

Am intensivsten erlebst du dein Engagement für eine Sache, wenn du Zeit und Energie spendest. Du siehst dann die Fortschritte live – und fühlst dich dabei großartig.

27 ARBEITE EHRENAMTLICH

Ehrenamtliche bekommen für ihre Arbeit kein Geld. Ohne sie könnten viele Organisationen nicht überleben! Freiwillig oder ehrenamtlich arbeiten heißt also, du stellst deine Zeit und dein Können kostenlos zur Verfügung, um eine gute Sache zu unterstützen. Belohnt wirst du mit Glücksgefühlen, wenn du die Erfolge siehst.

WENN DU TIERE LIEBST, ARBEITE IM TIERHEIM VOR ORT MIT

Man wird dich bitten, mit Hunden Gassi zu gehen, mit Katzen zu spielen, Wassernäpfe aufzufüllen, sauber zu machen und Leckerlis zu verteilen. Oft musst du für ehrenamtliche Arbeit 14 (eventuell sogar schon 16) Jahre alt sein oder mit deiner Familie zusammen arbeiten. Rufe einfach im Tierheim an, und frage nach den Voraussetzungen!

WENN DU GERN IM TEAM ARBEITEST, HILF BEI DER TAFEL VOR ORT MIT

Trage deine ganze Familie für eine ehrenamtliche Schicht ein! Tafeln brauchen immer Freiwillige, die die gespendeten Dinge organisieren. Ihr werdet Mindesthaltbarkeiten prüfen, Waren sortieren, Großeinkäufe in kleinere Portionen umpacken oder sogar Essen ausgeben. Um diese Aufgaben schnell und effektiv zu erledigen, arbeitet ihr am besten als Team zusammen.

WENN DU KREATIV ODER HANDWERKLICH BEGABT BIST, STELLE DINGE HER, UND SPENDE SIE FÜR EINEN GUTEN ZWECK

Manche Schulen führen Projekte durch, in denen praktische Dinge wie Hüte, Decken, Schals und mehr für einen guten Zweck angefertigt werden. Wenn du kreativ bist, lade deine Freunde ein und bastele mit ihnen! Ihr könnt die Sachen direkt an Bedürftige verschenken oder sie auf einem Weihnachtsbasar verkaufen und dann den Erlös spenden.

WEITERE INFOS

Hier gibt es mehr freiwillige Tätigkeiten:

www.bundesfreiwilligendienst.de

bagfa.de

www.freiwilligenarbeit.de

IN DEINER NACHBARSCHAFT

Die Welt ist groß. Aber große Veränderungen beginnen mit kleinen Taten – und diese können bei dir zu Hause geschehen.

28 SEI HÖFLICH

Deine Nachbarschaft ist wie eine große Familie. Gewisse Regeln sind nötig, damit es gut läuft und die Menschen dort zufrieden leben können. Hier sind einige dieser Regeln:

Müll gehört in den Müllkorb – nirgendwohin sonst.

Behandele den Nachbargarten mit Respekt. Es ist viel Arbeit, einen Rasen zu pflegen.

Hast du je von Lärmverschmutzung gehört? Das ist Lärm über dem normalen Level, der die Nachbarn stört. Sei respektvoll: Drehe deine Musik leise, und schreie nicht herum.

Wenn dir jemand verdächtig vorkommt, wende dich sofort an einen Nachbarn. Gemeinsam kann man gegen Vandalismus und Diebstahl vorgehen und auch Kinder und Haustiere schützen.

29 BIETE DEINE HILFE AN

Manchmal kommen dir die direkten Nachbarn fast wie Familie vor. Immerhin, wenn man so nah beieinander lebt, kann man leicht aufeinander achtgeben. Denk an die Menschen, die nebenan wohnen: Wie könntest du sie unterstützen? Hier sind einige Ideen für Nachbarschaftshilfe:

Eine ältere Nachbarin sucht jemanden, der für sie Laub recht, Briefe einwirft oder Rasen mäht.

Ein Tierbesitzer hätte gern ab und zu einen Hunde- oder Katzensitter.

Ein Kind braucht Hilfe bei den Hausaufgaben oder bei einem neuen Hobby.

30 STARTE EINEN BÜCHERTAUSCH

Lesen macht Spaß! Und hat auch sonst viel Gutes: Es lindert Stress, inspiriert das Gehirn mit neuen Ideen, fördert die Konzentration. Warum bringst du nicht den Nachbarn dein Hobby nahe?

Organisiere einen Büchertausch in der Nachbarschaft. Bitte jeden, mindestens ein Buch mitzubringen. Lege alle aus, und lass jeden Gast eines oder zwei mit nach Hause nehmen.

In vielen Städten Deutschlands, Österreichs und der Schweiz gibt es öffentliche Bücherschränke, die ihr ebenfalls nutzen könnt. Ihre Standorte findest du im Internet.

32. MACHE EINEN ERSTE-HILFE-KURS

Mit dem, was du im Erste-Hilfe-Kurs lernst, fällt es dir in einem Notfall leichter, schnell und sicher zu reagieren. Die Kenntnisse nutzen dir in der Schule, zu Hause und in deiner Nachbarschaft! Du weißt nie, wann jemand deine Hilfe braucht.

PRAKTISCHES WISSEN FÜRS LEBEN

Durch einfache Erste-Hilfe-Kenntnisse weißt du, wo du im Notfall Hilfe holen musst, und auch, wie du kleinere Verletzungen wie Schürfwunden, Verstauchungen und Schnitte behandelst.

FRAGE EINEN ERWACHSENEN!

Bitte einen Erwachsenen, dir bei der Suche nach einem Kurs und beim Einschreiben zu helfen. Vielleicht möchte er auch teilnehmen!

ENGAGIERE DICH NOCH WEITER

Soziale Hilfsdienste wie die Malteser **www.malteserjugend.de**, **www.malteser.at** oder der Arbeiter-Samariter-Bund (ASB) **www.asb.de/ueber-uns/samaritan-international** bieten für Kinder und Jugendliche Trainings sowie allerlei spannende Aktivitäten an.

33 WERDE PFADFINDER

Pfadfinderorganisationen gibt es auf der ganzen Welt – manche schon seit über hundert Jahren. Sie heißen zwar nicht immer gleich, aber überall lernt man wichtige Werte wie Teamwork, teilen und Selbstvertrauen. Außerdem findest du dort viele neue Freunde! Die meisten Pfadfindergruppen nehmen sechsjährige Kinder bis 25-jährige Erwachsenen auf.

Pfadfinder machen viele verschiedene Dinge, zum Beispiel:

coole Sportarten wie Bogenschießen, Kajakfahren oder Klettern ausprobieren

einheitliche Kluft tragen und Abzeichen aufnähen

zelten und Waldläufe machen

RETTEN WIR UNSERE ERDE

Wir haben so ein Glück, dass wir auf diesem schönen Planeten leben. Aber er braucht unsere Liebe und Fürsorge. Wir alle können mithelfen, dass die Erde so etwas Besonderes bleibt. Lass dich auf den folgenden Seiten inspirieren!

SPARE ENERGIE

Beachte täglich diese kleinen Dinge, und du wirst in deinem Leben große Veränderungen bewirken.

34 ZIEHE DEN STECKER

Abschalten, und schon spart man Energie. Richtig? Falsch! Solange etwas eingesteckt ist, wird Strom verbraucht – egal, ob der Schalter auf „An" oder „Aus" steht. Tatsächlich verbrauchen manche Geräte 75 % des Stroms, während sie abgeschaltet sind. „Leerlaufverlust" nennt man das.

Ein Handy benötigt nur ein paar Watt Strom. Aber diese Watt läppern sich – im Durchschnitt braucht ein Vierpersonenhaushalt in Deutschland fast 5000 Kilowattstunden im Jahr! Spare Strom, indem du Geräte aussteckst, die gerade nicht in Benutzung sind.

- ✓ Fernseher
- ✓ Spielkonsole
- ✓ Stereoanlage
- ✓ Handy-Ladegerät
- ✓ Laptop-Ladegerät
- ✓ Drucker
- ✓ Computer
- ✓ Wasserkocher

35 MACHE DAS LICHT AUS

Drücke den Schalter, wenn du einen Raum verlässt. So senkst du nicht nur die Stromrechnung deiner Eltern – du schützt auch die Umwelt. Spare Strom, dann reduzierst du die Verschmutzung. So einfach ist das!

Der Strom, den wir verbrauchen, wird zum Großteil aus fossilen Brennstoffen wie Kohle und Gas gewonnen. Fossile Brennstoffe verursachen Treibhausgase und tragen so zur globalen Erwärmung bei. Wenn die Temperatur auf der Erde zunimmt, steigt der Meeresspiegel, es treten öfter extreme Wetterverhältnisse auf, und manche Pflanzen- und Tierarten können aussterben.

WEITERE INFOS

Erfahre hier mehr über Energie:

Planet Wissen der ARD
www.planet-wissen.de/technik/energie/erneuerbare_energien

VERMEIDE ABGASE

Wie wir uns täglich fortbewegen, wirkt sich auf Erderwärmung und Umweltverschmutzung aus. Das Gute: Du kannst ganz einfache Schritte – buchstäblich Schritte – unternehmen, die umweltfreundlich sind.

36 ÜBERLEGE DIR, OB DU INS AUTO STEIGST

Bitte deine Familie, möglichst andere Fortbewegungsmittel als das Auto zu benutzen. Es gibt viele Möglichkeiten, die der Umwelt weniger schaden.

ZU FUSS

Immer wenn jemand aus deiner Familie Auto fährt, verschmutzt er/sie die Umwelt. Aber es gibt eine einfache Möglichkeit, das zu stoppen – geht zu Fuß! Jeder Schritt deiner Familie bedeutet, die Luft wird etwas weniger verpestet, zudem habt ihr Bewegung. Besprich mit deiner Familie, wie ihr euren Tagesablauf ändern könntet, um Autofahrten zu vermeiden: Wer kann zur Schule oder zur Arbeit laufen? Lassen sich bestimmte Dinge auch zu Fuß erledigen?

INFORMATION

Sind Autos wirklich so schlimm?

Manchmal lässt sich Autofahren nicht vermeiden. Aber auch dann gibt es Optionen, die umweltfreundlicher sind als der klassische Pkw.

Carsharing Je mehr Menschen in einem Auto sitzen, desto weniger Autos sind auf der Straße und verpesten die Umwelt. Sprich mit deinen Eltern: Überlegt euch, ob die Familien aus der Schule oder im Viertel bestimmte Wege gemeinsam in einem Auto zurücklegen könnten.

Elektroautos Elektroautos laufen mit Akku statt mit Benzin. Sie müssen oft aufgeladen werden, verschmutzen aber die Luft viel weniger! Und das ist sehr wichtig für die Zukunft …

Züge Wer weite Strecken zurücklegen muss, denkt zuerst an das Auto oder das Flugzeug. Dabei ist der Zug viel umweltfreundlicher! Bitte deine Familie vor der nächsten Reise, über eine Zugfahrt nachzudenken.

MIT DEM RAD

Zum Laufen zu weit? Nimm das Rad! Wenn ihr einige Tage pro Woche zur Schule oder zur Arbeit radeln könntet, wäre das super. Falls nicht, frage deine Familie, ob sie Lust auf ein neues Hobby fürs Wochenende hätte: Radfahren! Damit gelangt ihr umweltfreundlich ans Ziel – und es macht echt Spaß!

MIT BUS UND BAHN

Wenn du in der Stadt lebst, kommst du mit öffentlichen Verkehrsmitteln gut voran. Weil in einen Bus oder eine Bahn mehr Leute passen als in ein Auto, entsteht viel weniger Verschmutzung. Je voller der Bus oder die Bahn ist, desto mehr lohnen sie sich.

RECYCLE

Beim Recycling wird Müll wiederverwertet. Das ergibt Sinn: Warum sollte etwas auf dem Müll landen, wenn man es noch für etwas anderes verwenden kann?

37 BESUCHE EINEN WERTSTOFFHOF

Wir verursachen jeden Tag Müll. Sogar reichlich: Im Gegensatz zu anderen Ländern wächst der Müllberg in Deutschland immer noch! Weißt du, wie das aussieht? Nimm an einer kostenlosen Führung in einem Wertstoffhof oder einer Mülldeponie teil, und lass dir zeigen, wie viel Müll sich da ansammelt.

FAKT!
Jedes Jahr entstehen auf der ganzen Welt über eine Milliarde Tonnen Müll.

FAKT!
Am meisten Müll produzieren die USA, China und Brasilien.

FAKT!

Laut Statistischem Bundesamt verursacht jeder Mensch in Deutschland pro Jahr 462 kg Haushaltsabfälle. Dazu gehören auch Papier und Plastik.

FAKT!

Die größte Masse an Müll weltweit befindet sich mitten im Pazifik. Der „Pazifische Müllteppich" ist etwa doppelt so groß wie die Fläche Deutschlands!

FAKT!

Müllhalden verpesten sowohl die Luft als auch das Wasser. Dadurch kann Trinkwasser in der Nähe verunreinigt werden.

INFORMATION

Wie lange dauert es eigentlich, bis Müll verrottet?

Glas = 1 Million Jahre

Styropor = 500 Jahre

Plastikflasche = 450 Jahre

Wegwerfwindel = 450 Jahre

Blechdose = 50 Jahre

Zeitung = 6 Monate

Apfelreste = 2 Monate

FAKT!

San Francisco in Kalifornien recycelt fast 80 % seines Mülls!

38 RECYCLE RICHTIG

Wiederverwertbares wie Papier, Plastik und Alu kommt zunächst in eine Sortieranlage. Dort wird es auseinandersortiert, gepresst und dann zur Wiederverwertung weitertransportiert. Ein reibungsloser Ablauf ist aufwendig. Wenn du folgende Regeln beachtest, bist du eine große Hilfe!

TIPP
Spül schmutzige Behälter aus, bevor du sie in den Container wirfst. Wenn noch Essensreste dran sind, wandern sie vielleicht trotzdem in den Müll.

WAS KANN ICH RECYCELN?

Glas: Jegliches Glas kann wiederverwertet werden, sogar Kompaktleuchtstofflampen.

Plastik: Milchflaschen, Wasserflaschen, Saftflaschen, Joghurtbecher, Eiscremebehälter, Müsliverpackungen und mehr

Papier: Zeitungen, Zeitschriften, Werbebriefe, Kassenzettel, Grußkarten, Pappbecher, Kartons und mehr

Metall: Aludosen, Alufolie, Schraubverschlüsse und mehr

GLASFLASCHE

PAPPBECHER

PLASTIKBEHÄLTER

ALUDOSE

39 SAMMLE MÜLL

Manche Menschen werfen ihren Müll auf den Boden statt in den Mülleimer. Zigarettenkippen, Getränkedosen, Plastiktüten und Kaugummipapier sind dafür typisch.

Fordere Freunde auf, mit dir gemeinsam euer Viertel, den Park oder das Seeufer sauber zu machen. Ihr braucht dazu lediglich Mülltüten und Gartenhandschuhe – und schon könnt ihr viel bewirken. Jedes Stück Müll, das ihr einsammelt, hilft weiter!

SICHERHEIT GEHT VOR

Trage beim Leeren der Mülleimer immer Handschuhe. Hebe nie Scharfes wie Glasscherben oder Spritzen mit der Hand auf.

WIESO IST MÜLL SCHÄDLICH?

Der Müll auf der Straße verschandelt nicht nur unseren schönen Planeten, er ist auch gefährlich: Durch einen Sturm kann er in die Kanalisation gespült werden und schließlich in Flüssen oder dem Meer landen. Dort verschmutzt er das Wasser und gefährdet Tiere, die darin ersticken oder sich verfangen können.

40 LEGE EINEN KOMPOST AN

Kompostieren ist das Recycling der Natur! Dabei verwandeln sich verrottete Dinge in nährstoffreiche Erde, die Pflanzen und Gärten nutzt. Ein Komposthaufen ist genau das: ein Haufen kompostierbarer Dinge!

Häufe für deinen eigenen Kompost in einer Ecke eures Gartens Dinge aus der Liste unten auf. (Frage vorher um Erlaubnis!) Komposthaufen sollten alle paar Wochen mit einer Gartenschaufel umgesetzt und mit dem Gartenschlauch feucht gehalten werden.

WAS DARF AUF DEN KOMPOST?

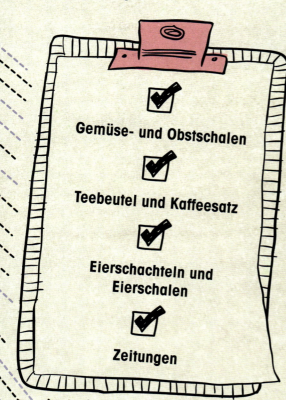

- ☑ Gemüse- und Obstschalen
- ☑ Teebeutel und Kaffeesatz
- ☑ Eierschachteln und Eierschalen
- ☑ Zeitungen

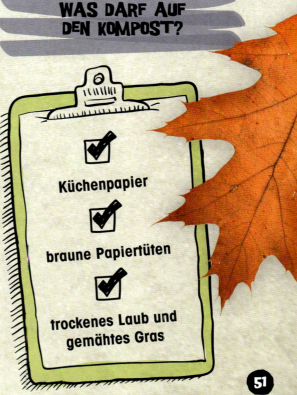

- ☑ Küchenpapier
- ☑ braune Papiertüten
- ☑ trockenes Laub und gemähtes Gras

AUS ALT MACH NEU

Du kannst Müll reduzieren, indem du Sachen umfunktionierst oder für einen neuen Zweck in etwas anderes verwandelst.

41 BASTELE EINEN HAUSAUFGABENSTÄNDER

Bewahre deine Hausaufgaben und andere wichtige Unterlagen in dieser umfunktionierten Schachtel auf. Stelle sie neben deine Zimmertür oder die Wohnungstür, damit du nichts vergisst, bevor du zur Schule gehst.

LOS GEHT'S!

ANLEITUNG

1. Bitte einen Erwachsenen, eine Cornflakes-Box an beiden Seiten schräg nach unten bis zur Mitte aufzuschneiden. Schneide mit der Schere auf der Vorderseite einmal quer entlang der Mitte.

2. Beklebe alle Seiten mit farbigem Papier. Oder gestalte eine Collage aus Zeitschriftenmotiven, die sich überlappen.

3. Runde die Deko mit Stickern, Glitzersteinen, Bändern oder einer Filzstiftverzierung ab.

DU BRAUCHST
- Cornflakes-Box
- Schere
- farbiges Papier
- Klebstoff

ECHT VIELSEITIG
Du kannst die Box auch für Bücher, Zeitschriften, Zeichnungen und anderes verwenden.

42 GESTALTE EINEN FLASCHENTOPF

Limo- oder Wasserflaschen aus Plastik kannst du in süße Blumentöpfe verwandeln, die sich perfekt für kleine Zimmerpflanzen oder Kakteen eignen. Über diese Pflanzen erfährst du auf Seite 68 mehr!

DU BRAUCHST
- Plastikflasche
- Schere
- Acrylfarbe
- Pinsel
- Erde und Kieselsteine
- Pflanze

LOS GEHT'S!

ANLEITUNG

1. Bitte einen Erwachsenen, die Plastikflasche in der Mitte quer durchzuschneiden.

2. Male auf den Blumentopf ein Gesicht oder ein Muster. Lasse die Farbe trocknen.

3. Lege eine Schicht Kieselsteine auf den Topfboden; so kann das Wasser besser abfließen. Dann gib etwas Erde drauf. Setze die Pflanze ein, und fülle mit Erde auf, um sie zu stabilisieren.

TÖPFE, TÖPFE...

In den Blumentöpfen lassen sich auch Stifte, Bastelsachen oder Schmuck aufbewahren.

GESTALTE

Bevor du Kartons oder Eierschachteln wegwirfst, überlege, ob du sie anderweitig verwenden kannst. Hier sind einige Ideen – bestimmt fällt dir noch mehr ein!

43 SORTIERE DEINEN KRIMSKRAMS

Besorge dir eine Eierschachtel und lege sie flach geöffnet in eine Schublade. Fülle die Vertiefungen mit Büroklammern, Gummibändern und Kleingeld – allem, was normalerweise lose in der Schublade rumkullert. Die größere Fläche im Deckel eignet sich für Scheren, Stifte und Ähnliches. Oder verwende die Schachtel für Bastelsachen. Perlen, Knöpfe und anderes passt perfekt in die kleinen „Eierbecher".

44 BASTELE EIN EIER-SCHACHTELSPIEL

Kennst du Mancala? Dieses alte Spiel gibt es schon seit Jahrhunderten – und es macht heute immer noch genauso viel Spaß wie damals.

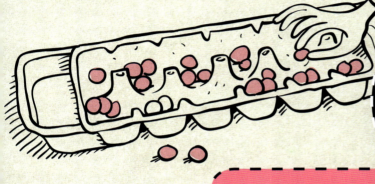

DU BRAUCHST

- 2 Eierschachteln für 6 Eier • Schere • Kleber • Acrylfarbe oder Filzstift zum Dekorieren • 48 Steinchen, Murmeln oder Plastikperlen als Spielsteine • 2 Spieler

SO WIRD MANCALA GESPIELT

Ziel dieses alten Spiels, das auf dem Säen basiert, ist es, die meisten Spielsteine – oder Samen – einzusammeln.

Beide Spieler haben je eine Reihe aus sechs Mulden und eine Schale für die gewonnenen Steine. Setzt am Anfang in alle zwölf Mulden je vier Spielsteine.

Der erste Spieler nimmt aus einer Mulde der eigenen Reihe alle Spielsteine. Gegen den Uhrzeigersinn setzt er nun je einen Stein in die folgenden Mulden, bis alle Steine aufgebraucht sind. Wenn er seine Gewinnschale erreicht, setzt er auch einen Stein hinein. Die Schale des Gegners lässt er aus.

LOS GEHT'S!

ANLEITUNG

1. Schneide die Deckel der beiden Eierschachteln ab und halbiere einen Deckel.

2. Klebe die Eierschachteln an den schmalen Seiten zusammen und an jedes Ende eine Hälfte des Deckels, sodass eine Schale entsteht. Lass alles trocknen.

3. Verziere das so entstandene Spielbrett nach Lust und Laune mit Acrylfarbe oder Filzstift.

Wandert der letzte Stein in seine eigene Schale, kommt er noch mal dran. Fällt der letzte Stein in eine leere Mulde seiner eigenen Reihe, gehört er ihm und wandert in die Gewinnschale, ebenso wie alle Steine in der Mulde direkt gegenüber.

Das Spiel ist zu Ende, wenn ein Spieler keine Steine mehr in seiner Reihe hat. Der andere Spieler legt dann seine übrigen Steine in seine Gewinnschale. Jetzt geht es ans Auszählen: Wer die meisten Steine in der Schale hat, gewinnt!

NUTZE

Wenn du etwas noch einmal nutzt, heißt das, du wirfst es nicht weg – und das ist super!

45 SAGE „NEIN" ZU KUNSTSTOFF

Etwa 85 % des Kunststoffs weltweit lassen sich nicht recyceln. Das heißt, jedes Jahr landen Millionen Tonnen auf der Müllkippe. Aber die Dinge ändern sich. 2016 hat Frankreich als erstes Land Plastikbesteck, -teller und -becher verbannt! Mache es wie Frankreich: Verwende für dein Pausenbrot wiederverwendbare Behälter, und bringe dein Besteck mit.

Das Gleiche gilt für Becher: In Deutschland werden pro Stunde 320 000 Kunststoffbecher für Kaffee und andere Getränke weggeworfen; dazu zählen auch solche von Fast-Food-Ketten. Nimm daher immer einen Mehrwegbecher mit. Es gibt sie in allen möglichen Designs, und du kannst sie meistens mit dem Getränk deiner Wahl befüllen lassen. Oft bekommst du sogar Rabatt.

46 NIMM JEDEN TAG MEHRWEG-BEHÄLTER MIT IN DIE SCHULE

Jeder Mensch in Deutschland produziert durchschnittlich etwa 1,7 kg Müll am Tag. Du kannst das ganz einfach reduzieren, indem du deine Pause müllfrei gestaltest.

Ein guter Anfang ist es, wenn du deine Brotzeit in einer Mehrwegbox mitnimmst. Besteht diese aus Edelstahl und nicht aus Plastik, schützt das die Umwelt noch mehr.

SAGE „JA" ZU
- ✓ Brotzeitboxen
- ✓ Mehrwegbehältern
- ✓ Mehrwegflaschen
- ✓ unverpackten Snacks
- ✓ Stoffservietten
- ✓ Metallbesteck

SAGE „NEIN" ZU
- ✗ Papiertüten
- ✗ Butterbrotbeuteln
- ✗ Einwegflaschen
- ✗ einzeln verpackten Snacks
- ✗ Papierservietten
- ✗ Plastikbesteck

47 NIMM STOFFBEUTEL MIT ZUM EINKAUFEN

Plastiktüten sind problematisch! Eigentlich lassen sie sich recyceln – aber man kann sie nicht in normale Container werfen, weil sie nicht maschinell sortiert werden können. Sie können sogar in der Sortiermaschine hängen bleiben und diese beschädigen.

Plastiktüten können nur in einem speziellen Prozess wiederverwertet werden. Dafür müssen sie an einer Sondersammelstelle abgegeben werden – und das ist den meisten Menschen zu umständlich. Wenn du Stoffbeutel mitnimmst, vermeidest du das Problem! Fordere deine Familie auf, im Auto, in der Handtasche, der Aktentasche oder dem Rucksack immer Mehrwegbeutel dabeizuhaben.

Falls sich schon einige Plastiktüten angesammelt haben, verwende sie für den Einkauf, den Müll oder den Hundekot.

TÜTEN FÜR IMMER
Es kann 1000 Jahre dauern, bis Plastiktüten auf der Müllkippe verrotten!

48 KAUFE GEBRAUCHT

Secondhand. Gebraucht. Charity Shopping. Wie auch immer es genannt wird: Etwas zu kaufen, was schon jemand anderem gehört hat, ist oft eine gute Idee. Denn es bedeutet, du gibst der Sache eine zweite Verwendung, statt sie im Müll zu entsorgen. Zudem ist es auch noch günstiger als etwas, was du neu kaufst.

- ✓ Kleidung
- ✓ Schuhe
- ✓ Bücher
- ✓ DVDs
- ✓ Rucksäcke
- ✓ Sportausrüstung
- ✓ Spielsachen
- ✓ Fahrräder

49 VERWENDE DEINE SCHULSACHEN WIEDER

Die Zeit nach den Ferien ist immer aufregend! Dazu gehört auch der Kauf der Schulsachen. Aber brauchst du wirklich jedes Jahr alles neu? Mit ein bisschen Planung kannst du die meisten Sachen noch mal verwenden und nur das kaufen, was du benötigst. Hier einige Tipps:

Schreibe auf all deine Schulsachen deinen Namen. Wenn du etwas verlierst, kann man es dir zurückgeben.

Packe vor den großen Ferien alle Schulsachen sorgfältig in deinen Rucksack. Wenn du sie in sechs Wochen wieder zur Hand nimmst, werden sie dir wie neu vorkommen!

REICHE WEITER

Flohmärkte, Secondhandläden oder Onlineportale für Wiederverkäufer wie **ebay-kleinanzeigen.de** eignen sich, um gute Ware mit Gebrauchsspuren zu finden. Auf Seite 27 erfährst du, wie du selbst deine alten Sachen spenden kannst.

Gehe während der Schulzeit sorgsam mit deinen Sachen um. Etwa, indem du Stifte immer im Mäppchen verstaust oder in deiner Tasche Ordnung hältst, damit Ordner und Blöcke Platz haben.

REDUZIERE

Täglich wird unser Planet etwas mehr verpestet und vermüllt. Es ist schwer, das zu vermeiden. Aber deinen Anteil daran kannst du auf vielerlei Weise reduzieren.

50 KAUFE REGIONAL

Wenn du regional einkaufst, bedeutet das, die Ware kommt aus deiner Umgebung. Sie musste nicht im Lkw, Flugzeug oder Schiff transportiert werden. Denn das passiert öfter, als du denkst. Wie kommt zum Beispiel eine Banane aus Südamerika zu dir nach Hause? Sie ist von einer Plantage Tausende Kilometer zum Supermarkt in deiner Nähe befördert worden.

Wer regional kauft, senkt die Verschmutzung, die sonst entsteht. Er unterstützt auch kleine Händler vor Ort, was gut für deine Gemeinde ist. Hier einige Beispiele, wie deine Familie regional einkaufen kann:

> Kauft Obst und Gemüse auf dem Wochenmarkt.
>
> Besorgt Weihnachts- oder Geburtstagsgeschenke auf einem Kunsthandwerkermarkt oder einem Laden vor Ort.
>
> Esst in einem Restaurant und nicht in einer Imbisskette.
>
> Baut euer Essen selbst an! Auf den Seiten 70 und 71 findest du Gartentipps.
>
> Kauft Brot und Kuchen in der Privatbäckerei ums Eck.

51 KAUFE GRÖSSERE MENGEN

Portionsweise verpackte Snacks wie Rosinen, Cracker und Chips sind für die Pause wirklich praktisch. Aber sie produzieren auch Abfall. Denke an die viele Verpackung, die oft nicht wiederverwertbar ist und nach dem Essen direkt in den Mülleimer wandert.

Wenn du etwas in großen Mengen erwirbst, sparst du Müll, weil du mehr davon in einer einzigen großen Schachtel oder Tüte kaufst. Oft ist dies sogar etwas kostengünstiger, und es bringt viel weniger sinnlose Verpackung mit sich.

Statt portionsweise verpackte Snacks zu kaufen, könntest du eine große Tüte kaufen und daraus jeden Tag eine kleine Portion in deine Brotzeitbox packen. Das mag etwas länger dauern, aber dafür verursachst du viel weniger Müll und Schmutz – und sparst vielleicht sogar etwas Geld.

52 KAUFE WENIGER

Denke an dein Lieblingsgeschäft: Jedes einzelne Stück dort muss entworfen, produziert und zu dir transportiert werden. Stelle dir vor, wie viel Energie, Wasser und andere Rohstoffe das kostet! Und wie sehr es die Luft verpestet. Wer weniger kauft, verkleinert seinen ökologischen Fußabdruck.

Um das zu erreichen, kannst du dir statt Sachen „Erlebnisse" wünschen: Vielleicht hat deine Familie Lust, in den Ferien oder an deinem Geburtstag gemeinsam etwas Tolles zu unternehmen – einen schönen Ausflug oder einen (Schnupper-)Kurs in einer neuen Sportart –, statt dir Spielzeug zu kaufen, das dann nur im Regal liegt.

INFORMATION

WAS IST EIN ÖKOLOGISCHER FUSSABDRUCK?

Jeder hat einen – auch du! Er gibt an, wie viele natürliche Rohstoffe – etwa Wasser, Lebensmittel und Strom – man jeden Tag verbraucht. Natürlich wollen wir, dass unser „Fußabdruck" möglichst klein ausfällt.

Laut dem World Wildlife Fund leben wir so, als hätten wir die Rohstoffe von 1,5 Erden. Das heißt, es könnte sein, dass unsere nachwachsenden Rohstoffe irgendwann völlig aufgebraucht sind. Daher sollten wir beginnen, mit kleinen Änderungen täglich Großes zu bewirken.

53 LADE ZU EINER TAUSCHBÖRSE EIN

Hast du dir schon mal etwas von Herzen gewünscht, was deine Freundin besitzt? Nun, vielleicht tauscht sie es gegen etwas anderes! Tauschbörsen sind toll, weil man „neue" Sachen bekommt, ohne Geld auszugeben – und was noch wichtiger ist: Sie schützen die Umwelt, weil du nichts Neues kaufst und nichts wegwirfst.

SCHRITT 1: WÄHLE EIN THEMA

Das können Spielsachen, Bücher, Computerspiele, Brettspiele, Klamotten oder Filme sein.

SCHRITT 2: LADE FREUNDE EIN

Sage allen, sie sollen je drei Sachen mitbringen, die sauber und intakt sind, und die sie eintauschen möchten.

TEILE FAIR

Wenn am Schluss etwas übrig bleibt, spendet es für einen guten Zweck. Auf Seite 26 findest du einige Ideen.

SCHRITT 3: SORGE FÜR FREIE FLÄCHEN

Stelle genügend Platz zur Verfügung, damit alle ihre Sachen ausstellen können. Ein leer geräumter Fußboden oder Tisch ist wunderbar.

FRAG ZUERST

Frag bitte deine Eltern um Erlaubnis, bevor du deine Sachen hergibst.

SCHRITT 4: TAUSCHT!

Nun darf ein Gast nach dem anderen „einkaufen". Wer etwas Bestimmtes möchte, bietet eine seiner eigenen Sachen zum Tausch an.

54 LEIHE AUS

Noch ein Weg, um deinen ökologischen Fußabdruck zu verkleinern? Leihe aus, statt zu kaufen! Wenn du etwas ausleihst, hast du es eine gewisse Zeit, dann benutzt es jemand anderes. Auf diese Weise wird es intensiv genutzt. Hier sind Tipps für den Start:

55 DENKE DIGITAL

Die Technik macht es uns heute leicht, weniger Kram zu haben. Vor nicht so langer Zeit musste jedes Foto auf Papier gedruckt und in ein dickes Album geklebt werden. Jetzt können wir am Rechner Tausende Fotos durchklicken.

Wenn du digital denkst, geht es dabei aber nicht nur um mehr Ordnung. Es muss insgesamt weniger hergestellt werden; dadurch reduzieren sich auch Luftverschmutzung und Müll. Hier sind einige Tipps, was du machen kannst:

 Leihe dir Bücher aus der Bücherei.

 Leih Filme oder Computerspiele bei Freunden.

 Frage deine Geschwister, ob sie dir Klamotten leihen.

 Miete Sportsachen oder Musikinstrumente.

 Frage deine Nachbarn, ob sie dir ein Brettspiel borgen.

ZEIT AM PC

Denke daran: Es schadet der Gesundheit, wenn du zu lange auf einen Bildschirm schaust – setze dir ein Zeitlimit, und mache Pausen!

Mit einem E-Book-Reader kannst du Bücher digital statt auf Papier lesen. Streamingdienste ermöglichen dir, Musik zu hören, ohne CDs zu kaufen!

Bitte deine Familie, statt Grußkarten aus Papier zu Weihnachten E-Cards zu verschicken, und lade zu deiner Geburtstagsfeier per E-Mail ein.

SPARE PAPIER

Bäume setzen Sauerstoff frei, spenden Schatten und verlangsamen den Klimawandel – wirklich erstaunlich! Und trotzdem werden jedes Jahr Milliarden von ihnen gefällt. Was können Baumliebhaber dagegen tun?

56 NUTZE PAPIER AUF BEIDEN SEITEN

Es ist kein Geheimnis, dass zur Papierherstellung viele Bäume gerodet werden müssen. Auch andere Rohstoffe wie Öl sind nötig, wodurch die Luft verschmutzt wird. Gehe daher sorgsam mit Papier um, statt es zu verschwenden!

- Verwandele bedrucktes Papier in Schmierzettel, indem du es in Viertel schneidest und auf die Rückseite schreibst. Verwende es für Notizen oder für die Einkaufsliste.

- Beschreibe die Blätter in deinem Block beidseitig. Bleistift kannst du auch ausradieren.

- Kaufe möglichst immer Recyclingpapier.

- Drucke etwas nur im Notfall aus. Bedrucke beide Seiten der Blätter.

WEITERE INFOS

VERGISS NICHT, ZU RECYCELN!

In Deutschland werden laut Umweltbundesamt jährlich 247 kg Papier pro Person verbraucht – mehr als in allen anderen EU-Ländern! Immerhin sind 75 % davon aus Altpapier hergestellt. Papier kann nur fünf- bis siebenmal recycelt werden. Dann werden die Holzfasern zu kurz und müssen mit neuen Fasern vermischt werden, damit stabiles Papier entsteht.

Dennoch hilft bewusster Umgang mit Papier immer, Bäume zu retten. Verwende Papier daher nur, wenn es sein muss, nutze es intensiv, und gib es am Ende ins Altpapier.

57 PFLANZE EINEN BAUM

Etwa 15 Milliarden Bäume werden welt-weit im Jahr gefällt. Glücklicherweise können wir dieser Abholzung auf einfache Weise entgegenwirken – indem wir Bäume pflanzen!

Es gibt dafür viele Orte: deinen Garten, einen Park im Viertel, einen Gemeinschaftsgarten oder deine Schule. (Frage aber immer um Erlaubnis, bevor du etwas einpflanzt.) Kaufe in einer Baumschule oder einem Gartencenter Setz-linge oder einen kleinen Baum. Ein Erwachsener kann dir helfen, ein Loch zu graben und den Baum zu versorgen, während er wächst.

WAS IST ABHOLZUNG?

Das ist das ständige Fällen von Bäumen, damit die Flächen für andere Zwecke genutzt werden können, etwa für Ackerbau, Viehzucht oder den Bau neu-er Häuser. Wenn die Abholzung in der aktuellen Geschwindigkeit weitergeht, könnten in hundert Jahren alle Wälder auf der ganzen Welt verschwunden sein.

58 VERMEIDE PAPIERTÜCHER UND -SERVIETTEN

Denk zweimal nach, bevor du eine Serviette verwendest. Papiertücher machen es uns einfach – zu einfach: Es ist bequem, danach zu greifen, um etwas aufzuwi-schen oder die Hände abzutrocknen.

Umweltfreundlicher lässt sich Verschüt-tetes mit Lappen aus Stoff aufwischen. Schlage zu Hause vor, auf Stoffservie-ten, Geschirrtücher und Recyclingpapier umzusteigen. Und benutze in öffentlichen Toiletten den elektrischen Händetrockner.

KEIN ALTPAPIER

Benutztes Küchenpapier und Papierservietten dürfen auf den Komposthaufen. Mehr über das Kompostieren erfährst du auf Seite 51.

SPARE WASSER

Auch wenn Wasser eine erneuerbare Energie ist (das heißt, es wird nie ganz ausgehen), könnte es in Zukunft knapp werden. Denn nur 3 % des Wassers auf der Erde sind frisches Trinkwasser, und die Bevölkerung wächst immer weiter.

59 VERKÜRZE DEINE DUSCHZEIT

Um Wasser zu sparen, ist eine Dusche definitiv besser als ein Vollbad. Und noch besser ist eine kurze Dusche! Denn pro Minute werden dort zehn Liter Wasser verbraucht. Überleg mal: Wenn du zehn Minuten duschst, verbrauchst du hundert Liter Wasser. Aber wenn du deine Dusche auf vier Minuten verkürzt, verbrauchst du nur 40 Liter.

Stelle dir das nächste Mal, wenn du unter die Dusche gehst, einen Timer – versuche, so kurz wie möglich zu duschen und trotzdem sauber zu werden. Dann starte einen Wettbewerb in deiner Familie: Notiert einen Monat lang die Dauer jeder Dusche. Am Ende des Monats vergleicht ihr, wer von euch am wenigsten Wasser verbraucht hat.

60 DREHE DEN WASSERHAHN AB

Wie kannst du noch Wasser sparen? Mit einem einfachen Dreh: Lass nie grundlos den Wasserhahn laufen. Folgende Tipps solltest du beherzigen, wenn du im Haushalt hilfst oder dich um deine Körperpflege kümmerst:

Lass beim Zähneputzen nicht das Wasser laufen.

Schalte die Spülmaschine nur ein, wenn sie ganz voll ist.

Es ist nicht nötig, jeden Teller vorzuspülen, bevor du ihn in die Spülmaschine stellst.

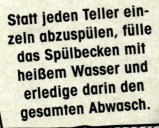

Statt jeden Teller einzeln abzuspülen, fülle das Spülbecken mit heißem Wasser und erledige darin den gesamten Abwasch.

61 LEGE EINEN KLEINEN „ZIMMERGARTEN" AN

Pflanzen lieben Wasser, oder? Nun, nicht alle. Manche Pflanzen, etwa Kakteen und andere Sukkulenten, brauchen nur wenig Wasser. In ihren dicken Blättern können sie es lange speichern. Diese Pflanzen sind super für drinnen, solange du sie nur in die Nähe eines Fensters stellst. Denn sie brauchen zwar wenig Wasser, aber viel Licht!

SUKKULENTEN PFLEGEN

Kakteen und Co. solltest du gießen, bis die Erde ganz feucht ist, aber dann erst wieder, wenn sie ganz trocken ist. Im Winter brauchen diese Pflanzen sogar noch weniger Wasser. Bitte jemanden in einem Gartencenter um Hilfe bei der Zusammenstellung der Pflanzen und der Auswahl der richtigen Erde für deinen „Zimmergarten".

PFLANZEN TUN GUT!

Wie Bäume geben auch Zimmerpflanzen Sauerstoff ab und nehmen Kohlendioxid auf. Schon durch einem Mini-„Garten" auf dem Fensterbrett wird die Luft in eurer Wohnung sauberer. Manche Menschen finden, Pflanzen machen auch glücklich!

62 HILF DEINER FAMILIE, UMWELTBEWUSSTER ZU WASCHEN

Wird euer Schmutzwäscheberg immer höher? Waschen macht wenig Spaß, aber die Umwelt zu schützen, schon! Nächstes Mal, wenn die Wäsche ansteht, kannst du dich gut fühlen – sofern du diese Tipps beherzigst:

☑ Verwende beim Waschen eine möglichst niedrige Temperatur. (Frage vorher deine Eltern.)

☑ Wasche deine Wäsche zusammen mit der deiner Geschwister oder deiner Eltern.

☑ Statt den Trockner zu benutzen, hänge deine Kleidung auf den Wäscheständer oder die Leine.

FRAGE DEINE NASE

Bevor du Kleidung zur Schmutzwäsche gibst, rieche daran: Wenn sie nicht müffelt oder sichtbar schmutzig ist, muss sie vielleicht noch gar nicht gewaschen werden – vor allem, falls du sie nur ein paar Stunden getragen hast.

SETZE DICH EIN

Wenn du wirklich von etwas überzeugt bist, zum Beispiel, dass wir die Erde schützen müssen, behalte das nicht für dich – teile es mit anderen!

63 BAUE PFLANZEN AN

Es heißt, wenn man in der Erde wühlt, ist man der Natur näher. Probiere es aus! Mit einem Garten lernst du, wie unser Essen wächst und wie du für ein Lebewesen sorgst. Klar, ein Garten ist kein Haustier – aber er braucht ebenso viel Liebe. Und es macht genauso viel Spaß, sich darum zu kümmern! Für dieses Projekt solltest du deine ganze Familie gewinnen. Es ist eine große Sache, aber die Mühe lohnt sich sehr.

ANREGUNGEN

WELCHER GARTEN PASST ZU MIR?

Kräutertöpfchen: Kräuter wie Rosmarin, Basilikum oder Minze wachsen drinnen oder draußen in kleinen Töpfen. Sie duften gut und können zum Kochen genutzt werden.

Hochbeet im Garten: Ihr habt einen großen Garten? Dann ist vielleicht in einer Ecke Platz, um ein Hochbeet anzulegen, wo ihr (je nachdem, wo ihr wohnt) verschiedene heimische Sorten Obst, Gemüse und Kräuter anbauen könnt.

Topfgarten: Wenn ihr einen kleinen Vorgarten oder eine Terrasse besitzt, eignen sich Topfpflanzen wie Tomaten für den Anfang gut. Wichtig ist, dass sie reichlich Sonne und Wasser bekommen.

Gemeinschaftsgarten: In vielen Städten gibt es Gemeinschaftsgärten, in denen man eine kleine Parzelle pachten kann. Das ist dann wie ein eigener Vorgarten … nur eben nicht direkt vor deiner Haustür.

☑ **Salat** wächst sehr schnell und braucht wenig Platz. Er wird dir noch besser schmecken, wenn du weißt, dass du ihn selbst angebaut hast.

☑ In einem großen Garten sind **Himbeersträucher** ein tolles Extra. Es gibt kaum etwas Köstlicheres als eine frische Beere direkt vom Strauch.

☑ **Möhren** eignen sich perfekt fürs Gemüsebeet. Sie brauchen zum Wachsen viel Platz nach unten.

☑ **Tomaten** eignen sich gut für Anfänger. Es gibt so viele Tomatensorten – probiere doch ein paar unterschiedliche aus.

☑ **Zucchini** sind rankende Pflanzen und mögen Platz; sie können aber auch in großen Pflanztöpfen angebaut werden!

☑ **Erdbeeren** wachsen im Boden oder im Topf – also auch, wenn ihr nur eine Terrasse habt, kannst du sie selbst ziehen!

64 REDE MIT!

Wenn du zu etwas eine klare Meinung hast, teile es anderen mit! Vielleicht denkst du, deine Schule braucht mehr Bäume, in deiner Stadt fehlen Mülleimer, oder die Regierung muss sich mehr um den Umweltschutz kümmern. Auf folgende Weise kannst du dir Gehör verschaffen:

> Schreibe dem/der Bundes- oder Landtagsabgeordneten aus deinem Wahlkreis einen Brief oder eine Mail. Die Kontaktdaten findest du auf der offiziellen Website des Parlaments. (Vielleicht kannst du sogar anrufen!)

> Starte eine Petition, um auf ein Thema aufmerksam zu machen, und sammle Unterschriften. Auf Websites wie change.org kannst du direkt loslegen.

> Engagiere dich in der Schülervertretung oder als Klassensprecher. Du kannst auch Verantwortung in einem Verein übernehmen, in dem du Mitglied bist.

> Besuche eine Stadtratssitzung, oder nimm an einer Demo teil. Kinder dürfen noch nicht wählen, aber du kannst durch deine Anwesenheit deine Meinung ausdrücken und Unterstützung zeigen.

65 BESUCHE EINEN NATIONALPARK

Nationalparks sind schöne, besonders geschützte Regionen. Die Pflanzen, Tiere und Lebensräume in diesen Parks, von denen es weltweit sehr viele gibt, werden möglichst natürlich gehalten, sodass sie sicher überleben können. Das heißt auch, dass Straßen, Hotels, Häuser und sogar Menschen in manchen Bereichen verboten sind.

Wer so eine Region besucht, ist meist von ihrer Schönheit fasziniert. Außerdem fühlen wir uns in der Natur oft ruhig und ausgeglichen. Es ist nie eine schlechte Idee, mit deiner Familie einen Nachmittag oder eine Woche Urlaub im Freien zu verbringen.

Das Eintrittsgeld wird für die Bewahrung, die Sauberkeit und die Sicherheit der Parks verwendet. Du bekommst also nicht nur fantastische Berge, Vulkane, Höhlen, Wasserfälle und mehr zu sehen, sondern unterstützt außerdem den Umweltschutz.

66 INFORMIERE ANDERE

Du engagierst dich gegen die Erderwärmung, für vegetarische Ernährung oder für Tierschutz? Dann fragst du dich vielleicht, warum andere nicht so viel Einsatz zeigen. Das könnte daran liegen, dass sie wenig über dein Thema wissen. Warum erklärst du es ihnen nicht?

Selbst wenn nicht alle deine Meinung teilen, möchten sie vielleicht trotzdem mehr darüber erfahren. Hier sind Möglichkeiten, wie du eine Diskussion anregst:

> Schreibe in der Schule einen Bericht. Frage deinen Lehrer, ob du dazu ein Referat halten darfst.

> Organisiere mit deinen Lehrern in der Schule eine Veranstaltung, um auf das Thema aufmerksam zu machen.

> Wenn deine Schule eine Zeitung herausgibt, biete an, einen Artikel über dein Thema zu schreiben.

> Schreibe einen Blog über ein Thema, von dem manche noch nichts wissen.

{ DU ZÄHLST }

Keine Angst, wir haben es nicht vergessen – wir haben nur das Beste für den Schluss aufgehoben. Jetzt ist Zeit für D-I-C-H. Denn es ist ebenso wichtig, an sich selbst zu denken wie an den Planeten!

VERTRITT DEINE INTERESSEN

Du zählst, und deine Gedanken und Gefühle auch.
Jeder verdient es, geliebt und respektiert zu werden.

67 SEI DEIN GRÖSSTER FAN

Es ist wichtig, dass du dein eigener Fürsprecher bist. Ein Fürsprecher ist jemand, der dich unterstützt und in deinem Interesse spricht. Genau: Du musst für deine Interessen kämpfen! Dabei geht es nicht nur darum, den Mund aufzumachen, wenn etwas unfair ist. Du sollst auch Selbstvertrauen haben und deine Erfolge feiern.

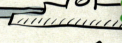

Wenn du Angst hast, sage: „Das mache ich nicht." Dann gehe weg.

Wenn dir etwas einfällt, melde dich, und sage: „Hey! Ich habe eine Idee!"

Wenn du das Gefühl hast, niemand hört dir zu, sage: „Sorry, ich würde auch gern etwas sagen."

Wenn du aufgeregt bist, sage: „Ich muss dir/euch unbedingt was erzählen!"

Wenn du dich ausgeschlossen fühlst, sage etwa: „Ich möchte gern mitmachen."

Wenn du stolz bist, sage: „Schau mal! Ich freue mich, dass das so geworden ist."

68 BITTE UM HILFE

Du bist kein Superheld. Das heißt, du bist nicht perfekt, und das ist in Ordnung. Statt deine Gefühle runterzuschlucken, lass sie raus! Hin und wieder braucht jeder etwas Hilfe – sogar diejenigen, die scheinbar ein wunderbares Leben haben. Wir alle erleben diese Gefühle ab und zu, es braucht dir also nicht peinlich zu sein!

Hier sind einige Dinge, die du sagen kannst, wenn du Zuspruch brauchst:

Wenn du irritiert bist, könntest du sagen: „Ich verstehe das nicht. Bitte erkläre mir das noch mal."

Wenn du nervös bist, kannst du sagen: „Ich könnte gerade etwas Selbstvertrauen brauchen."

Wenn du dich überfordert fühlst, könntest du sagen: „Ich brauche etwas Zeit für mich allein."

Wenn du traurig bist, könntest du sagen: „Ich brauche Aufheiterung."

Wenn du durcheinander bist, könntest du sagen: „Ich brauche wirklich Hilfe, um das zu kapieren."

GETEILTES LEID

Wenn du jemanden zum Reden und für einen Rat brauchst, kannst du dich an Fachlehrer und Vertrauenslehrer wenden.

Wenn du in den Arm genommen werden möchtest, sage: „Ich brauche eine Umarmung!"

69 SAGE „JA!"

Schreckst du vor Unbekanntem zurück oder stürzt du dich begeistert hinein? Wer „Ja!" sagt, kann spannende Sachen erleben. Neues auszuprobieren ist aufregend, und du wirst überrascht sein, was du dabei über dich selbst lernst.

Iss etwas, was du noch nie probiert hast – etwas, von dem du denkst, es schmeckt dir nicht. Koste mindestens drei Bissen, bevor du dich entscheidest.

Unterhalte dich mit jemandem außerhalb deines Freundeskreises – jemandem, mit dem du vielleicht nicht so viel gemeinsam hast. Ihr werdet wahrscheinlich trotzdem Ähnlichkeiten feststellen.

Teste eine Sportart, die du noch nie ausprobiert hast. Vielleicht machst du Bodenturnen und wärst auch super in Basketball. Versuche es mal!

Gehe irgendwohin, wo du noch nie warst: in einen Park, eine Bibliothek, ein Museum oder ein Viertel. Was hast du entdeckt?

Lies ein Buch aus einem Bereich, der dich sonst nie reizen würde – zum Beispiel eine Detektivgeschichte, wenn du eigentlich Comics magst.

70 SAGE „NEIN!"

„Ja!" zu sagen, kann zu tollen Erlebnissen führen, aber ebenso wichtig ist es, „Nein!" zu sagen – vor allem, wenn du dich unwohl fühlst. Ein „Nein" bedeutet nicht, dass du langweilig bist oder keinen Spaß verstehst – sondern dass du auf dich achtest. Lass dich von niemandem herumkommandieren, und folge keinem Gruppenzwang. Dein Glück ist wichtig. Höre auf dein Bauchgefühl und entschuldige dich nicht dafür.

Wenn du etwas nicht tun möchtest, ist es okay, wegzugehen. Du könntest sagen: „Ich mache nicht mit", oder du könntest eine Alternative vorschlagen, indem du sagst: „Wollen wir nicht lieber etwas anderes machen?"

Wenn du dir etwas nicht leisten kannst, sei nicht verlegen. Sage einfach deinen Freunden, dass du nicht teilnehmen kannst. Wenn sie fragen, warum, musst du nichts sagen, was dir unangenehm ist. Du kannst immer antworten: „Meine Eltern erlauben es mir nicht" oder „Ich habe mit meiner Familie schon etwas vor".

Wenn dich jemand bittet, etwas Verbotenes oder Gefährliches zu tun, sage: „Das mache ich nicht, und du solltest das auch nicht tun." Dann gehe weg und bitte einen Erwachsenen um Hilfe.

DENKE POSITIV

Auch wenn du das Gefühl hast, die Regenwolken werden sich nie verziehen – es gibt immer Wege, die Sonne zu sehen.

71 MACHE DICH NICHT FERTIG

Hast du dich je als Versager/in gefühlt? Weil du dachtest, du hättest dich mehr anstrengen, schneller oder besser sein können? Du bist nicht allein – das geht allen hin und wieder so. Denn bei sich selbst ist man oft besonders kritisch. Du hast hohe Ansprüche an dich, und das ist völlig okay. Aber du musst auch mal nachsichtig sein. An manchen Tagen läuft es eben besser als an anderen – na und? Denke daran: Morgen kommt eine neue Chance!

72 HÖRE AUF, DICH MIT ANDEREN ZU VERGLEICHEN

Es gibt nur einen Menschen, mit dem du dich vergleichen solltest: mit dir selbst! Warst du besser als gestern? Das ist alles, was zählt. Jeder lernt und wächst unterschiedlich schnell.

Nur weil jemand anderes im Test eine Eins bekommen hat, heißt das nicht, dass du das auch musst. Nur weil jemand ein Tor geschossen hat, heißt das nicht, dass dein präziser Pass nicht ebenfalls klasse war.

Jeder Mensch hat seine Stärken. In den meisten Bereichen wird es jemanden geben, der besser ist als du, und jemanden, der schlechter ist. Aber die einzige Person, die dich beschäftigen sollte, bist d-u. Sei zufrieden mit deiner Situation, und sei stolz darauf, dass du dein Bestes gibst.

73 SIEH DAS GUTE AN EINER SITUATION

Wenn etwas nicht klappt, wird man schnell mal wütend, aber es gibt immer einen zweiten Weg. Statt dich für Wut zu entscheiden, kannst du auch Optimismus wählen. – Das bedeutet, man findet auch an einer schlimmen Situationen etwas Gutes.

Ich habe zwar für diese Arbeit keine gute Note bekommen, aber mein Lehrer hat mir Tipps versprochen, wie ich es nächstes Mal besser mache.

Draußen regnet es zwar, aber dafür kann ich jetzt mit meiner ganzen Familie drinnen Zeit verbringen, was auch ziemlich cool ist.

Ich habe mir zwar den Fuß verstaucht, aber immerhin kann ich meine Teamkolleginnen von der Bank aus anfeuern und der Trainerin helfen.

74 LIEBE DICH SELBST

Nimm ein Blatt Papier und einen Stift zur Hand. Dir würden jetzt sofort drei Gründe einfallen, warum du deine beste Freundin magst, oder? Aber wie ist es mit drei Gründen, warum du dich selbst magst? Denke nach, was dich einzigartig macht und warum andere gern mit dir zusammen sind.

NETT
LUSTIG
INTELLIGENT
FREUNDLICH
STARK
AUFMERKSAM
KREATIV
MUTIG

75 SEI SELBST-BEWUSST

Selbstvertrauen ist entscheidend! Um das zu zeigen, kannst du eine „Power-Pose" einnehmen: Stelle dich aufrecht hin. Schultern zurück, Kinn nach oben, Blick nach vorn, gerader Rücken. Für etwas mehr Power stemme deine Hände in die Hüften. Jetzt nimm an, dass hinter dir ein Superheldencape weht!

Probiere diese Pose vor dem Spiegel – du wirkst damit furchtlos, oder? Hier ist ein Geheimnis: In dieser Haltung siehst du nicht nur selbstbewusst aus, du wirst dich auch wirklich sicherer fühlen.

BLEIBE ENTSPANNT

Nur weil jemand fies zu dir ist, heißt das nicht, du darfst auch fies zu ihm oder ihr sein. Sage, der/die andere soll aufhören, gehe weg, und bitte einen Erwachsenen um Hilfe.

76 SEI NICHT NACHTRAGEND

Nachtragend sein heißt, du bist noch lange wütend auf jemanden, nachdem der sich entschuldigt hat. Wenn eine Freundin fies zu dir war, sich aber aufrichtig entschuldigt, bemühe dich, ihr zu verzeihen. Eine gute Freundschaft sollte nicht wegen etwas Unwichtigem enden. Es mag dir zwar zuerst wichtig erscheinen, aber wenn etwas Zeit vergangen ist, wirst du vermutlich erkennen, dass es gar keine große Bedeutung hatte.

Spiele draußen mit eurem Hund.

Wirf ein paar Körbe auf einem Basketballfeld.

Biete deinen Eltern an, im Garten zu helfen oder Laub zu rechen.

77 GEHE RAUS INS FREIE

Spiele draußen mit Freunden.

Wusstest du, dass wir die Sonne zum Überleben brauchen? Ja, wirklich! Ohne sie könnten Pflanzen nicht wachsen, wir würden vor Kälte zittern und nicht genug Vitamin D produzieren. Vitamin D stärkt unsere Knochen. Man sagt sogar, Sonnenlicht macht uns glücklicher. Echt! Eine tägliche Dosis Sonne ist genauso wichtig wie Zähneputzen. Gehe unbedingt einmal am Tag raus.

Lies im Park ein Buch.

Gehe zu Fuß in die Schule oder fahre mit dem Rad.

ACHTUNG WETTER!

Benutze an heißen Tagen immer Sonnencreme. Denke an Mütze und Handschuhe, wenn es kalt ist.

Iss deine Brotzeit draußen.

78 GEHE OFFLINE

Fernseher, Tablets, Laptops, Handys – heutzutage verbringen Kinder viel Zeit damit, im Sitzen auf einen Bildschirm oder ein Display zu starren. Klar, dort warten so viele coole Spiele, Filme, Shows und Nachrichten auf dich, aber es ist wirklich wichtig, auch mal eine Pause einzulegen. Dabei können sich nicht nur deine Augen erholen, sondern auch dein Gehirn! In dieser Zeit …

 … probiere in der Küche ein Rezept für etwas Leckeres, wie Schokokekse, oder mache etwas Cooles, wie etwa Glitzerschleim selber. (Ein Erwachsener kann dir helfen.)

 … besorge dir in der Bücherei ein Buch über Zaubern, Basteln oder Experimente.

 … lege mit deiner Familie ein Puzzle, spielt ein Spiel oder baut etwas aus Lego.

 … schreibe eine Geschichte, ein Lied oder ein Gedicht. Male Bilder dazu!

KEIN NETZ
Bitte deine Eltern, einen Nachmittag das WLAN abzuschalten, oder gib ihnen den ganzen Tag – oder sogar übers Wochenende – deine Geräte.

79 FREUE DICH ÜBER KLEINE DINGE

Diesen schönen Brauch kannst du beim Abendessen mit deiner Familie oder allein vor dem Einschlafen pflegen: Nenne mindestens drei schöne Dinge, die heute passiert sind. Auch das Geringste zählt!

80 WERDE MITGLIED IN EINEM SPORTVEREIN

Wenn du zu einem Team gehörst, schließt du dort enge Freundschaften, lernst Neues und lebst gesund. Weißt du was? All das macht glücklich! Denke nicht nur an die Sportarten, die deine Freunde ausüben. Tritt einem Verein bei, den du selbst toll findest. Es ist wichtig, dass du deine eigenen Interessen und Träume verfolgst. Hier sind einige Vorschläge, was du probieren könntest …

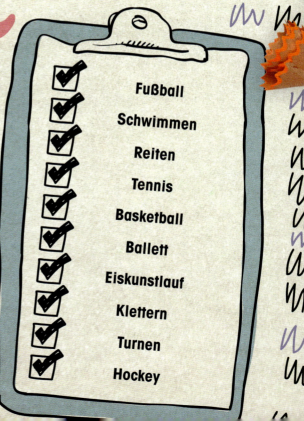

81 FÜHRE EIN GLÜCKSTAGEBUCH

Verwandle ein einfaches Notizbuch in ein Heilmittel für trübe Tage. Sammle darin Dinge, die dich glücklich machen. Du kannst schreiben, zeichnen, einkleben – worauf du Lust hast! Es gibt keine Regeln. Wenn du niedergeschlagen bist, blättere darin, bis du wieder lächelst:

- ☑ Liedtexte, die du liebst
- ☑ schöne Erinnerungen
- ☑ Menschen, die dir am Herzen liegen
- ☑ lustige Fotos
- ☑ deine Lieblingsorte
- ☑ alberne Witze
- ☑ Zitate, über die du lächeln musst

ISS GESUND

Essen ist der Kraftstoff für Körper, Geist und Seele – je gesünder du dich ernährst, desto gesünder bist du in jeder Hinsicht.

82 ISS FRÜHSTÜCK

Du weißt es bestimmt: Das Frühstück ist die wichtigste Mahlzeit des Tages! Warum verzichten dann so viele Menschen darauf? Nun, weil sie morgens oft spät dran sind und keine Zeit dafür haben. Dabei ist ein sättigendes Frühstück so wichtig, dass du dafür lieber 15 Minuten früher aufstehen solltest. Mit diesen schnellen Kombis beginnt dein Tag wunderbar …

- Joghurt mit Beeren, Müsli und ein bisschen Honig
- 1 Scheibe Toast mit Aufstrich, Bananenscheiben und Rosinen
- Brötchen mit Käse, Spiegelei und 1 Tomate
- 1 Glas frisch ausgepresster Orangensaft
- Ei und Tomate auf Vollkorntoast
- Rührei mit Speck und Käse, dazu 1 Scheibe Toast
- Haferbrei mit Äpfeln und Zimt
- Müsliriegel, 1 Banane und 1 Glas Milch

83 ISS EINEN GESUNDEN SNACK

Es gibt viele Snacks. Manche sind eher ungesund, wie Schokoriegel und Chips. Nach einem gesunden Snack bist du dagegen satt und bekommst keinen Heißhunger auf Süßes. Ein Snack dient dazu, dass dein Magen bis zur nächsten Mahlzeit Ruhe gibt und du dich konzentrieren kannst. Mit Hunger ist es schwer, gute Leistungen zu bringen, und man kriegt schlechte Laune. Ein gesunder Snack gibt der Konzentration einen Kick – und deiner Stimmung auch.

- ☑ Obst, wie etwa Trauben, Äpfel oder Bananen
- ☑ Rohkost mit Joghurtdip
- ☑ Möhrensticks mit Hummus
- ☑ Reiswaffeln mit Mandelmus
- ☑ Studentenfutter aus Rosinen, Nüssen und Kernen

84 ISS MEHR OBST UND GEMÜSE

Obst und Gemüse sind lebensnotwendig! Kinder (und Erwachsene) brauchen etwa fünf Portionen am Tag – essen aber oft nicht genug davon. Dabei stecken Obst und Gemüse voll guter Inhaltsstoffe, wie Vitaminen und Mineralien, sodass du gesund und kräftig bleibst.

ISS IN REGENBOGENFARBEN

Schau, dass es auf deinem Teller immer möglichst farbenfroh zugeht. Wenn er nur weißes und braunes Essen enthält, isst du vermutlich zu wenig Obst und Gemüse.

PROBIERE ES!

Bitte einen Erwachsenen um Unterstützung, wenn du Rezepte mit diesem Obst und Gemüse ausprobierst.

MÖHREN

Sie sind echt gut für deine Augen! Probiere Möhrensticks mit Hummusdip.

BROKKOLI

Dieses grüne Gemüse enthält eine Extraportion Vitamine und Mineralien. Und es schmeckt genial zu Eiern oder Pasta.

PAPRIKASCHOTEN

Paprikaschoten stecken voller Vitamine. Streue sie gehackt über Rühreier oder schneide sie für ein Sandwich in Streifen.

BLUMENKOHL

Er ist nicht so farbenfroh wie andere Sorten, aber trotzdem sehr gesund. Serviere ihn mal püriert wie Kartoffeln. Du wirst kaum einen Unterschied feststellen!

TRAUBEN

Sie sind gesund für dein Blut und dein Herz, und du kannst sie superleicht als schnellen Snack mitnehmen.

ORANGEN

Hole dir deine Portion Vitamin C! Die Frucht selbst schmeckt noch besser als der Saft. Mische Orangenspalten in dein Frühstück oder iss sie als Beilage.

ÄPFEL

Dieser unkomplizierte Snack ist auch noch gut für dein Gehirn. Iss auf jeden Fall die Schale mit.

ANREGUNGEN

OBST UND GEMÜSE SCHMECKEN DIR NICHT?

Du musst es nicht pur oder roh essen. Probiere es in anderer Form, etwa als Suppe oder Smoothie.

Du kannst es auch kombinieren. Bestreue Joghurt oder Haferbrei mit Obst, gib Gemüse ins Sandwich oder mixe daraus einen Salat!

Wenn du Gemüse roh nicht magst, iss es gedämpft, gebacken oder gegrillt – das schmeckt immer anders.

HEIDELBEEREN

Sie sind klein, aber dafür mächtig – mächtig gesund! Streue sie über Frühstücksflocken, Joghurt oder Porridge. Oder rühre sie in einen Smoothie.

91

RUHE DICH AUS ZZZ!

Manchmal macht ein volles Programm Spaß. Man fühlt sich wichtig, erlebt viel und trifft Freunde. Dabei sollten Ruhezeiten aber nicht zu kurz kommen.

85 MACHE PAUSEN

Was zählt als Pause? Eine Pause ist, wenn du dir Zeit zum Entspannen nimmst. Du kannst etwas tun, weil du Lust darauf hast (nicht weil du musst). Oder du sitzt nur da und träumst in den Tag hinein. Stresszeiten und Entspannung müssen immer ausgeglichen sein. Folgende Vorschläge helfen dir dabei, ruhige Momente in deinen Tag einzubauen.

> Lege dich hin und träume 15 Minuten vor dich hin.
>
> Schreibe Tagebuch, oder zeichne ein bisschen.
>
> Lies ein Buch in einem bequemen Sessel.
>
> Gehe mit der Familie um den Block spazieren.

86 ATME BEWUSST

Wann hast du zuletzt über deine Atmung nachgedacht? Sie geht so automatisch, dass du sie wahrscheinlich nicht mal bemerkst. Aber tief zu atmen kann dir helfen, ruhig zu werden und dich zu entspannen, vor allem, wenn du total gestresst bist. Wer nervös ist oder Angst hat, atmet schneller als sonst oder hält sogar den Atem an. Versuche dann, dich zu beruhigen, indem du bewusst atmest: Atme tief ein, und zähle dabei bis drei, dann atme tief aus, und zähle dabei wieder bis drei. Wiederhole das mehrmals, bis du dich besser fühlst.

ZISCH ...

87 SCHLAFE GENUG

Dein Körper ist wie ein Akku – er muss jede Nacht wieder aufgeladen werden. Die einzige Möglichkeit, ihn aufzuladen, ist durch Schlaf. Kinder brauchen neun bis zwölf Stunden pro Nacht. Das ist ganz schön viel!

Warum du so viel Schlaf brauchst? Nun, während du schläfst, passieren allerlei coole Sachen: Dein Gedächtnis sortiert deine Erinnerungen, dein Körper kühlt ab, du wächst und entwickelst Muskeln.

Wenn du nicht ausreichend schläfst, kann dein Körper das alles nicht ordentlich tun. Plus, Schlafmangel kann zu Problemen führen: Er kann deine Konzentration in der Schule stören und dich anfälliger für Erkältungen machen. Gönne deinem Körper also eine Pause, und gehe schlafen!

BLEIBE GESUND

Dein Körper benötigt nicht nur Essen und Schlaf, um gut zu funktionieren – er braucht auch Bewegung!

88 SEI AKTIV

Bewegung macht dich glücklicher, gibt dir Energie und fördert deinen guten Schlaf. Und das sind nur drei Vorteile eines aktiven Lebens. Erstaunlich, nicht? Vielleicht denkst du jetzt, „aktiv sein" bedeutet, dauernd Sport zu machen. Dabei gibt es unzählige Möglichkeiten – im Prinzip musst du dich nur bewegen! Achte mal darauf, wie lange du tagsüber sitzt, statt zu stehen, gehen oder zu spielen. Kinder sollten sich mindestens sechzig Minuten am Tag bewegen, und zwar ruhig über den Tag verteilt. Hier sind ein paar Vorschläge:

- Gehe zu Fuß zur Schule, oder fahre mit dem Rad.
- Hilf bei der Arbeit im Haus oder im Garten.
- Gehe nach dem Essen mit deiner Familie spazieren.
- Spiele Computerspiele im Stehen statt im Sitzen.
- Triff dich mit deinen Freunden im Park oder auf dem Spielplatz.
- Mache Musik an, und tanze!

89 NIMM AN EINEM LAUF TEIL

Bewege auch deine Familie zum Mitmachen! Es ist cool, an organisierten Läufen teilzunehmen und dabei eine gute Sache zu unterstützen. Mit dem Startgeld wird oft eine gemeinnützige Einrichtung oder ein wichtiges Thema unterstützt.

Bei einem Fünfkilometerlauf darfst du gehen oder rennen. Das kannst du trainieren: Übe in den Wochen oder Monaten vor der Veranstaltung mit deiner Familie, immer längere Strecken zu rennen oder zu gehen. Wenn du an dem großen Tag über die Ziellinie läufst, werden dir Unmengen Menschen zujubeln, und du wirst dich wie ein Champion fühlen!

WEITERE INFOS

Runner's World www.runnersworld.de bietet eine Übersicht der Läufe für Kinder und Jugendliche von 6 bis 19 Jahren in europäischen Städten.

GÖD und Vienna Marathon www.goed.at, www.vienna-marathon.com veranstalten einmal jährlich Läufe für Schülerteams.

90 TRINKE GENUG

Wusstest du, dass ein erwachsener Mensch aus etwa 60 % Wasser besteht? Dein Körper braucht Wasser zum Überleben, aber er verliert auch jeden Tag welches – etwa wenn du schwitzt. Je aktiver du bist, desto mehr Durst bekommst du, richtig?

Daher ist es nicht nur wichtig, dass du jeden Tag Wasser trinkst – wenn du rumrennst, brauchst du sogar besonders viel. Es muss ja das Wasser ersetzen, das du ausscheidest. Kinder sollen je nach Alter bis zu 1,5 Liter am Tag trinken, wobei Limo und Schwarztee nicht dazuzählen – Zucker und Teein entziehen dem Körper nämlich Wasser.

SUCHE DIR EIN HOBBY

Wenn du etwas tust, was dir richtig Spaß macht, hebt das deine Stimmung. Du kannst dich dabei entspannen, weil es dich von deinen Sorgen ablenkt, und es ist eine schöne Herausforderung.

91 TUE TÄGLICH ETWAS, WAS DIR FREUDE BEREITET

Bei welcher Tätigkeit fühlst du dich immer glücklich? (Das Glückstagebuch von Seite 87 kann dir vielleicht bei der Entscheidung helfen!) Was immer es auch sein mag, nimm dir dafür jeden Tag etwas Zeit, selbst wenn es nur fünf Minuten sind. Betrachte das als deine persönliche „Ich-Zeit".

- ☑ Musik hören
- ☑ Basketball üben
- ☑ mit dem kleinen Bruder spielen
- ☑ im Bett lesen
- ☑ duschen

92 STARTE EINEN LESEKREIS

Lesen macht ein Leben lang Spaß! Ganz egal, wie alt du bist, du kannst es immer tun. Und es gibt ja so viele tolle Bücher – würdest du nicht gern auf der Stelle zu schmökern beginnen?

In Büchern erlebst du, wie man sich in bestimmten Situationen verhält, bekommst Anregungen, wie man mit Problemen umgeht, und gewinnst Einblicke in das Leben anderer. Zudem reist du an entfernte Orte, lernst über Geschichte und „triffst" neue Bekannte.

Ein Lesekreis ist ein cooler Anlass, um deinem Hobby noch mehr Raum zu geben. Lade Freunde oder Familienmitglieder ein. Wählt abwechselnd ein Buch aus, das alle Teilnehmer bis zum nächsten Mal lesen sollen. Nach einem Monat trefft ihr euch wieder und sprecht darüber. Ihr könnt besprechen, …

- ☑ was euch gefallen hat
- ☑ was euch nicht gefallen hat
- ☑ wer eure Lieblingsfigur ist
- ☑ was euch überrascht hat
- ☑ welcher Teil der beste ist
- ☑ was ihr gelernt habt
- ☑ was für ein Ende euch lieber gewesen wäre

SCHAFFE FAMILIENZEIT

Nichts ist vergleichbar mit Familienbanden. Ihr werdet immer, wirklich immer füreinander da sein.

93 UMGIB DICH MIT DEINEN LIEBSTEN

Lächelst du, wenn du Familienfotos anschaust? Natürlich! Besonders beruhigend sind die Fotos, wenn du Sehnsucht hast, weil du nicht zu Hause bist oder jemand, der dir nahesteht, verreist ist.

Bitte einen Erwachsenen, dir beim Ausdrucken und Rahmen deiner liebsten Familienfotos zu helfen. Stelle sie an dein Bett, auf den Schreibtisch, in den Schrank, stecke sie in ein Medaillon oder einen Schlüsselanhänger. Denke auch an Fotos deiner Haustiere! Siehst du? Wohin du auch gehst, du bist von deinen Lieben umgeben.

94 VERBRINGE MEHR ZEIT MIT DEINER FAMILIE

Du kannst dir deine Familie nicht aussuchen – aber du kannst dich entscheiden, sie vorbehaltlos zu lieben. Schaffe mehr Nähe zu deinen Eltern, Geschwistern, Verwandten und allen anderen, die du als Familie betrachtest. Du wirst es nicht bereuen!

Unternehmt Sachen, erzählt Geschichten, und lernt euch wirklich kennen. Vielleicht seid ihr jetzt noch nicht so eng, aber wenn du älter wirst, werden deine Geschwister wichtiger für dich. Und von deinen Eltern und Großeltern kannst du eine Menge lernen, auch wenn du manchmal anderer Meinung bist.

Bitte deine Eltern oder Großeltern, dir einige ihrer Lieblingsplätze aus der Kindheit zu zeigen.

Schaue dir Fotos von deinen Eltern oder Großeltern an, als sie in deinem Alter waren. Was waren ihre Lieblingsfächer? Welche Sportart mochten sie besonders?

Beginne eine Familientradition, etwa einen Kinobesuch sonntags oder einen Pizzaabend jeden Dienstag.

Unternimm einmal im Monat etwas Besonderes nur mit deiner Mutter oder deinem Vater.

Erfinde eine geheime Begrüßung, die nur du, deine Geschwister und deine Eltern kennen.

Feiere mit jedem Familienmitglied dessen „Halbjahresgeburtstag". Behandle sie an dem Tag als Stargast.

SUCHE HERAUSFORDERUNGEN

Der einzige Weg zu wachsen besteht darin, immer wieder seine Komfortzone zu verlassen.

95 LÖSE EIN RÄTSEL

Egal, ob Labyrinthe, mathematische Tüfteleien, Buchstabensalat – jede Art von Rätsel bringt deinen Verstand auf Trab und trainiert wunderbar deine Gehirnmuskeln. Ja, wirklich! Dein Geist braucht ebenso Sport wie dein Körper.

FRAGE
Was hat zwei Flügel und kann nicht fliegen?

Antwort: Die Nase!

FRAGE
Was reist durch die Welt, aber bleibt in einer Ecke?

Antwort: Eine Briefmarke!

 Starte ein großes Puzzle, und lass deine ganze Familie mitmachen.

 Schreibe einen Buchstabensalat, den deine Freundin lösen darf.

 Suche dir ein Buch mit Kreuzworträtseln oder Knobelaufgaben aus.

 Erfinde eine Geheimschrift, indem du für jeden Buchstaben ein Symbol verwendest. Dann schreibe eine geheime Nachricht.

96 LERNE ETWAS AUSWENDIG

HMM ...

Hast du das Gefühl, dein Gedächtnis ist nicht gerade das beste? Nun, vielleicht brauchst du nur etwas Übung.

Es gibt viele Tricks, wie du dir etwas leichter merken kannst – etwa, indem du es niederschreibst, es laut vorsagst, daraus einen Reim oder einen Song machst, dir Bilder statt Wörter vorstellst oder eine Eselsbrücke erfindest.

Suche dir ein Thema aus – egal, welches –, und lerne es auswendig. Zum Beispiel:

- Die acht Planeten
- Das Alphabet, aber rückwärts
- Dein Lieblingsgedicht oder -lied
- Die Noten auf den Linien des Violinschlüssels
- Die 16 deutschen Bundesländer mit ihren Hauptstädten

FRAGE

Was ist schwerer: ein Kilogramm Wattebäusche oder ein Kilogramm Bowlingkugeln?

Antwort: Keines. Beide wiegen ein Kilogramm.

INFORMATION

WAS IST EINE ESELSBRÜCKE?

Das ist ein Trick, wie man sich etwas leichter merken kann. Für eine Reihenfolge etwa kannst du mit den ersten Buchstaben der Elemente einen neuen Satz bilden:

Mein **V**ater **E**rklärt **M**ir **J**eden **S**onntag **U**nseren **N**achthimmel = **M**erkur **V**enus **E**rde **M**ars **J**upiter **S**aturn **U**ranus **N**eptun.

Jetzt behältst du die Reihenfolge der Planeten von der Sonne aus bestimmt!

Eine Gans Hat Dünne Füße

Merke dir mit dieser Eselsbrücke die Noten auf den Notenlinien des Violinschlüssels!

WITZ

Fritzchen zur Mama: „Mein Lehrer hat keine Ahnung. Immer fragt er mich!"

WITZ

Wieso ist das Mathebuch gestresst?

Es hat so viele Aufgaben!

97 ERZÄHLE EINEN WITZ

Mit Witzen bringst du Menschen zum Lachen. Das ist kein Scherz! Wenn sie lachen, musst du oft auch lachen – oder zumindest lächeln. Wenn du kreativ bist, erfinde selbst Witze. Oder leihe ein Witzebuch in der Bücherei und schreibe die besten Gags daraus ab. Erzähle sie testweise deiner Familie oder Schulfreunden. Auch kleinere Kinder finden Witze cool. Merke dir einige, die deinen jüngeren Geschwistern, Cousins oder Nachbarn gefallen.

WITZ

Am Tisch: „Warum isst du denn die Suppe mit dem Messer?"

„Meine Gabel leckt!"

WITZ

Was hat vier Beine und fliegt?

Zwei Vögel!

WITZ

Was sagt die Schnecke, die auf der Schildkröte reitet?

„Huiii!"

98 STELLE DICH DEINEN ÄNGSTEN

Du weißt es erst, wenn du es ausprobiert hast – sagt man. Und wahrscheinlich fällt dir mindestens ein Beispiel ein, bei dem das für dich schon mal zugetroffen hat. Klar, Neues auszuprobieren ist oft unheimlich, aber es ist auch spannend. Statt Angst zu haben, dass du scheiterst, solltest du stolz darauf sein, dass du es versuchst.

ÜBERLEGE

Wenn du Angst hast: Was ist das Schlimmste, was dir passieren kann? Vermutlich ist es viel harmloser, als du denkst!

- ☑ Bestelle dein Essen in der Schule, statt es mitzubringen.
- ☑ Lass dich als Klassensprecher/in aufstellen.
- ☑ Tritt vor deiner Familie oder Freunden mit einem Lied oder Tanz auf.
- ☑ Tritt in einen Verein ein, in dem du niemanden kennst.
- ☑ Bestelle im Restaurant.
- ☑ Sprich für eine Rolle im Schultheater vor.
- ☑ Übernachte zum ersten Mal bei einer Freundin.

TEILE DICH MIT

Geteilte Freude ist doppelte Freude – für dich und andere. Denn wenn du teilst, fühlst du dich gut!

99 LASS ANDERE AN DEINEN TALENTEN TEILHABEN

Was kannst du besonders gut? Fußball spielen? Freundschaften schließen? Mathe? Singen? Jeder hat ein besonderes Talent, und du solltest stolz auf deines sein. Wenn du andere teilhaben lässt, wird ihnen das Freude machen, und dir auch.

WENN DU EINE RAMPENSAU BIST ...

Sänger, Tänzer, Komiker und Musiker sind oft willkommene Unterhaltungskünstler. Du könntest anbieten, etwas für die Bewohner des Seniorenheims im Viertel zu veranstalten.

WENN DU WIRKLICH SCHLAU BIST ...

Biete Freunden oder Geschwistern mit schlechten Noten in einem Fach, in dem du gut bist, Nachhilfe an. Du könntest auch Tutorin für ein jüngeres Kind werden, das sich schwertut. Bitte Erwachsene zu vermitteln.

WENN DU OFFEN UND GESELLIG BIST ...

Stelle ein Kind, das einsam und schüchtern ist, deinen Freunden vor. Überlege, was sie gemeinsam haben, und verrate es ihnen bei der Vorstellung. Dann haben sie gleich ein Thema, über das sie reden können.

100 TEILE DEINE GEFÜHLE

Wenn du immer alle deine Gefühle für dich behältst, kann es passieren, dass du irgendwann explodierst wie ein Vulkan! Zu erzählen, wie du dich fühlst, heißt nicht, dass du jedem deine tiefsten Geheimnisse verrätst. Es heißt, du sprichst über deine Gefühle, statt sie zu unterdrücken. Hier sind ein paar Beispiele:

Erzähle deinen Eltern, wenn du wegen etwas traurig bist.

Wenn eine Freundin deine Gefühle verletzt, sage ihr das.

Sprich mit einem Freund oder mit Geschwistern über etwas, was dich wütend macht oder ärgert.

Wenn dir jemand Freude bereitet, sage es ihm!

HÖRE ZU

Wenn dir jemand anderes seine Gedanken und Gefühle anvertraut, höre aufmerksam zu. Manchmal möchten Freunde nur spüren, dass jemand für sie da ist. Vielleicht musst du nicht mal viel sagen. Höre ihm oder ihr einfach zu.

Führe Tagebuch. Schreibe jeden Abend auf, was du so denkst.

BEGINNE MIT KLEINIGKEITEN

Wenn jeder im Kleinen handeln würde, würde das Großes bewirken.

101 BEGINNE MIT ETWAS NEUEM

Nachdem du nun das ganze Buch gelesen hast, ist es jetzt Zeit: Suche dir eine Idee aus, die du als Erstes in Angriff nehmen möchtest. Mehr ist eigentlich nicht nötig!

Entscheide dich für etwas, was du spannend findest und was du mit etwas Mühe erreichen kannst. Möchtest du damit anderen helfen, dem Planeten oder dir selbst? Möchtest du mit etwas Kleinem beginnen, etwa beim Zähneputzen den Wasserhahn abdrehen, oder lieber mit etwas Größerem wie einem Workshop? Hier gibt es keine richtige oder falsche Entscheidung.

Wenn du etwas ausgesucht hast, überlege dir, wie du es heute umsetzen kannst – nicht morgen, sondern gleich jetzt. Vielleicht brauchst du die Erlaubnis von Eltern, Freunden oder Lehrern.

FINDE MITSTREITER

Beziehe deine Freunde und deine Familie mit ein. Die Ideen in diesem Buch werden Gutes bewirken – aber sie bewirken noch mehr Gutes, wenn mehr Menschen mitmachen!

KLEINE SCHRITTE

Große Probleme wirken manchmal erdrückend. Bleib entschlossen, und lass dich nicht entmutigen. Denk immer dran: Jede kleine Tat hilft.

SEI STOLZ

Wenn du eine Idee erfolgreich umgesetzt hast, darfst du dir auf die Schulter klopfen! Du hast es verdient. Denn dass du dein Bestes gibst und mit gutem Beispiel vorangehst – genau darum geht es.

SEI GLÜCKLICH

Wenn es nicht klappt, wie du dir das vorgestellt hast, keine Sorge. Versuche es noch einmal, oder mache mit einer anderen Idee weiter. Du kannst nicht mehr tun, als dein Bestes zu geben.

SCHAU NACH VORN

Bleibe dran! Wenn du ein Ziel erreicht hast, strebe das nächste an. Denke daran: Du bist vielleicht klein, aber du kannst Großes bewirken!

CHECKLISTE

Hier sind alle Ideen aus dem Buch aufgelistet. Wenn du eine umgesetzt hast, hake sie ab.

DENKE AN ANDERE

- [ ] #1 Lächele!
- [ ] #2 Finde neue Freunde
- [ ] #3 Schreibe eine Dankeskarte
- [ ] #4 Gib Nachhilfe, werde Tutor
- [ ] #5 Sage „Nein" zu Mobbing
- [ ] #6 Sei zu allen freundlich
- [ ] #7 Engagiere dich freiwillig
- [ ] #8 Starte einen Workshop
- [ ] #9 Heitere einen Freund auf
- [ ] #10 Umarme andere
- [ ] #11 Verteile Komplimente
- [ ] #12 Freue dich für die anderen
- [ ] #13 Übernimm Aufgaben
- [ ] #14 Verteile Orden
- [ ] #15 Zeige deine Zuneigung
- [ ] #16 Spende Sachen an ein Tierheim
- [ ] #17 Rette ein Tier
- [ ] #18 Iss weniger Fleisch
- [ ] #19 Hilf der Tierwelt
- [ ] #20 Spende deine alten Sachen
- [ ] #21 Spende deine Haare
- [ ] #22 Spende deine Sportsachen
- [ ] #23 Spende Essen
- [ ] #24 Verkaufe etwas
- [ ] #25 Wünsche dir Spenden statt Geschenke
- [ ] #26 Spende jeden Monat einen Teil deines Taschengelds
- [ ] #27 Arbeite ehrenamtlich
- [ ] #28 Sei höflich
- [ ] #29 Biete deine Hilfe an
- [ ] #30 Starte einen Büchertausch
- [ ] #31 Zeige Interesse
- [ ] #32 Mache einen Erste-Hilfe-Kurs
- [ ] #33 Werde Pfadfinder

RETTEN WIR UNSERE ERDE

- [ ] #34 Ziehe den Stecker
- [ ] #35 Mache das Licht aus
- [ ] #36 Überlege dir, ob du ins Auto steigst
- [ ] #37 Besuche eine Wertstoffhof
- [ ] #38 Recycle richtig
- [ ] #39 Sammle Müll
- [ ] #40 Lege einen Kompost an
- [ ] #41 Bastele einen Hausaufgabenständer
- [ ] #42 Gestalte einen Flaschentopf
- [ ] #43 Sortiere deinen Krimskrams
- [ ] #44 Bastele ein Eierschachtelspiel
- [ ] #45 Sage „Nein" zu Kunststoff
- [ ] #46 Nimm jeden Tag Mehrwegbehälter mit in die Schule
- [ ] #47 Nimm Stoffbeutel mit zum Einkaufen
- [ ] #48 Kaufe gebraucht
- [ ] #49 Verwende deine Schulsachen wieder
- [ ] #50 Kaufe regional
- [ ] #51 Kaufe größere Mengen
- [ ] #52 Kaufe weniger

- [ ] #53 Lade zu einer Tauschbörse ein
- [ ] #54 Leihe aus
- [ ] #55 Denke digital
- [ ] #56 Nutze Papier auf beiden Seiten
- [ ] #57 Pflanze einen Baum
- [ ] #58 Vermeide Papiertücher und -servietten
- [ ] #59 Verkürze deine Duschzeit
- [ ] #60 Drehe den Wasserhahn ab
- [ ] #61 Lege einen kleinen „Zimmergarten" an
- [ ] #62 Hilf deiner Familie, umweltbewusster zu waschen
- [ ] #63 Baue Pflanzen an
- [ ] #64 Rede mit!
- [ ] #65 Besuche einen Nationalpark
- [ ] #66 Informiere andere

DU ZÄHLST

- [ ] #67 Sei dein größter Fan
- [ ] #68 Bitte um Hilfe
- [ ] #69 Sage „Ja!"
- [ ] #70 Sage „Nein!"
- [ ] #71 Mache dich nicht fertig
- [ ] #72 Höre auf, dich mit anderen zu vergleichen
- [ ] #73 Sieh das Gute an einer Situation
- [ ] #74 Liebe dich selbst
- [ ] #75 Sei selbstbewusst
- [ ] #76 Sei nicht nachtragend
- [ ] #77 Gehe raus ins Freie
- [ ] #78 Gehe offline
- [ ] #79 Freue dich über kleine Dinge

- [ ] #80 Werde Mitglied in einem Sportverein
- [ ] #81 Führe ein Glückstagebuch
- [ ] #82 Iss Frühstück
- [ ] #83 Iss einen gesunden Snack
- [ ] #84 Iss mehr Obst und Gemüse
- [ ] #85 Mache Pausen
- [ ] #86 Atme bewusst
- [ ] #87 Schlafe genug
- [ ] #88 Sei aktiv
- [ ] #89 Nimm an einem Lauf teil
- [ ] #90 Trinke genug
- [ ] #91 Tue täglich etwas, was dir Freude bereitet
- [ ] #92 Starte einen Lesekreis
- [ ] #93 Umgib dich mit deinen Liebsten
- [ ] #94 Verbringe mehr Zeit mit deiner Familie
- [ ] #95 Löse ein Rätsel
- [ ] #96 Lerne etwas auswendig
- [ ] #97 Erzähle einen Witz
- [ ] #98 Stelle dich deinen Ängsten
- [ ] #99 Lass andere an deinen Talenten teilhaben
- [ ] #100 Teile deine Gefühle
- [ ] #101 Beginne mit etwas Neuem

WEITERE INFOS

Folgende Websites richten sich an Kinder, die nach dem Lesen von *101 einfache Wege, die Welt zu retten* ein paar der Themen noch vertiefen möchten.

UNICEF FÜR WELTVERBESSERER
www.unicef.de/mitmachen/youth
Bei der UNICEF, dem Kinderhilfswerk der Vereinten Nationen (UN), kannst du dich für eine bessere Zukunft von Kindern und Jugendlichen auf der ganzen Welt einsetzen.

IN 72 STUNDEN DIE WELT BESSER MACHEN
www.72stunden.de
In 72 Stunden werden über diese Website des Bunds der Deutschen Katholischen Jugend (BDKJ) in ganz Deutschland Projekte mit den Schwerpunkten „Zusammen leben", „Gerechtigkeit schaffen", „Neues Lernen", „Nachhaltigkeit fördern" und „Zuhause gestalten" umgesetzt.

AKTION TAGWERK: DEIN TAG FÜR AFRIKA
www.aktion-tagwerk.de
Bei „Dein Tag für Afrika" sammeln Schüler an einem Tag im Schuljahr, anstatt zur Schule zu gehen, mit verschiedenen Aktionen Geld, das unterschiedlichen Projekten in Afrika zugutekommt.

NAJU
www.najuversum.de
Über 85 000 Kinder und Jugendliche bis 27 Jahre sind Mitglied in der Naturschutzjugend, kurz NAJU. Das ist die Kinder- und Jugendorganisation des Naturschutzbunds (NABU). Sie setzen sich dafür ein, dass Natur und Umwelt geschützt werden.

WWF JUNIOR
www.wwf-junior.de
Hier liest du alles über WWF Junior und die spannende Arbeit des WWF, der sich weltweit starkmacht für Tiere und Natur. Du erfährst, wie eine bessere Zukunft aussieht, und kannst dich selbst auch als Mitglied anmelden.

NATURDETEKTIVE
https://naturdetektive.bfn.de
Bei den Naturdetektiven kannst du die Welt der wilden Lebewesen entdecken. Jeden Monat gibt es einen spannenden Detektivauftrag. Außerdem findest du ein Lexikon und Spiele auf der Website.

SPANNENDES ZUM ELEMENT WASSER
www.klassewasser.de
Die Kinderwebsite der Berliner Wasserbetriebe bietet Kindern von 6 bis 12 Jahren und Jugendlichen ab 13 Jahren jeweils gesondert Informationen rund um das Thema Trinkwasserversorgung und Abwasserentsorgung.

WEGWERFEN? DENKSTE!
https://repaircafe.org/de
Repair-Cafés sind ehrenamtliche Treffen, bei denen die Teilnehmer allein oder gemeinsam mit anderen im Sinne der Nachhaltigkeit ihre